初心者から経験者まで
すべての段階で差がつく！

不動産投資 最強の教科書

投資家100人に聞いた！
不動産投資をはじめる前に
知りたかった
100の疑問と答え

鈴木宏史
鑑定士×投資家
国内最大手の不動産投資情報サイト
「楽待」の人気コラムニスト

東洋経済新報社

はじめに

ごくごく平凡なサラリーマンでも、不動産投資で成功できる

2018年の夏、私はサラリーマンをリタイアしました。

リタイアするために利用したツールは、不動産投資です。

不動産投資と出合う前の私の人生は、失敗や挫折ばかりでした。大学受験も就職活動も失敗していますし、社会人になってからはうつ病を患い、人生のどん底に落ちたこともあります。

仕事をしながら3度目のチャレンジで「不動産鑑定士」という国家資格を取得したものの、不動産投資についてはズブの素人、**資産も預貯金もないごくごく普通のサラリーマン**でした。

しかしながら普通のサラリーマンといっても、私は組織に順応するのが苦手で出世コースからは外れていましたし、定年まで自分を偽って働きつづけるのは無理だと日々感じていました。

そんな私が不動産投資に関心をもちはじめたのは、ある不動産鑑定士事務所に勤務していたころのこと。

事務所のクライアントは金融機関などの上場企業から個人の経営者までさまざまでしたが、資産家や富裕層にはある共通点があったのです。

それは、規模や目的は違えども、**「お金持ちはほぼ100%、何らかの形で不動産に関わっていた」**ことでした。なかには不動産投資だけで自由気ままな生活をしている人もいて、**「お金持ち＝不動産＝自由」という公式**が私の脳裏に刻まれたのです。

「自分もお金を生んでくれる不動産をもちたい」と思うものの、当時、零細鑑定士事務所に勤務していた私は、年収400万円未満の低属性、預貯金もほとんどない状態で、とても不動産投資をはじめられる状態ではありませんでした。

このころ、ものは試しと不動産業者や金融機関にアプローチしたことがありますが、けんもほろろの門前払いを食らい、「いまの自分では話も聞いてもらえないのか」と、くやしい思いをしたものです。

ここから私の属性改良・金融資産アップ計画がはじまります（詳細は本編にて）。**不動産投資は金融機関ありきのビジネス**です。なので、まずは**金融機関がよろこんでお金を貸してくれるような人物にならなければと考えた**のです。

そして期待と不安が交錯したまま不動産投資をスタートし、足かけ5年、紆余曲折はありましたが、十分なキャッシュフローを得ることができ、**サラリーマンをリタイアし、夢だった自由を手にすることができました**。

これまで、不動産投資を愚直に実践してきた中で断言できることがあります。

それは**「私のようにごく普通のサラリーマンが経済的自由を獲得してリタイアするためには、不動産投資以外に方法がなかった」**ということです。

不動産投資の成功は「知識」と「努力」で決まる

不動産投資には誰でも成功できるチャンスがありますが、実際には誰もが成功できるわけではありません。残念ながら、成功している人よりも、うまくいっていない人のほうが圧倒的に多いのが現実です。

これまで、不動産投資で成功した人、失敗した人を数多く見てきました。私は、**成功も失敗も紙一重**だと思っています。差はほんのわずかなのです。

「不動産から収入を得て経済的な自由がほしい」という思いではじめたはずが、いつの間にか他者にコントロールされ、目標が「不動産を買うこと」「大家になること」にすり替わっている人がたくさんいます。サラリーマンをリタイアするどころか、赤字分をサラリーで埋めている人もたくさんいます。

これでは本末転倒です。

うまくいっていない人に共通するのは、「知識がないこと」と「努力しないこと」です。知っているか知らないか、努力するかしないかで結果が決まってしまうのが不動産投資の怖いところであり、醍醐味であるともいえます。

私自身、これまで数えきれないほどの「小さな失敗」をしてきました。

小さな失敗であればリカバリーは可能ですし、経験値として蓄積されますが、物件選択ミスなどの**「大きな失敗」は一発で致命傷となり、不動産投資からの撤退どころか、人生の敗北者となることすらありえます**。

私は不動産投資家として、そして不動産鑑定士として、「これ以上不動産投資で致命的な失敗をする人を見たくない、少しでもいいからそれを食い止めたい」と思うと同時に、

「不動産投資で成功することのすばらしさを伝えたい」と強く感じるようになりました。

本書は普通のサラリーマン不動産投資家であった私が、サラリーマン不動産投資家のために書いたものです。

初心者から経験者まで、100人を超える不動産投資家たちから**「はじめる前にこれを知っておけばよかった」「これを知らなかったから苦労した」という本当に重要な疑問を集め、わかりやすく解説**しました。

年収も金融資産もそれほど多くない、ごくごく平凡な私にもできた投資手法を公開すると同時に、**失敗しないためのエッセンス**を出し惜しみすることなく盛り込んであります。

私が実際に経験した小さな失敗などの**リアルなエピソード**も、隠すことなく書きました。

本書が不動産投資での成功をめざす読者の一助になれば幸いです。

目次

じっくりと計画を練る

実際に準備をはじめる

いい物件、危ない物件の見極め方

ここが肝心！ 資料の見方

物件の良し悪しを見抜く！

Question

買付け・契約前に肝心なこと

Question

融資の不安を解消する

Question

いまさら聞けない金利の疑問

Question

いよいよ金融機関にアプローチ！

アプローチの素朴な疑問

融資ＯＫの人、融資ＮＧの人の違い

次の融資を受けるために

自己資金についての戦略

フルローンではじめる不動産投資

融資条件を見極める

第4章……がっちり稼げる！賃貸経営の極意【物件運営編】 205

満室をキープする不動産経営

管理会社を利用してラクラク経営

人は人の力を借りて成長する

第1章

はじめる前に本当に知っておきたい基本中の基本

【事前準備編】

まずは心の準備をする

Question 01

不動産投資をはじめるのが怖いのですが……

A

正しく理解し、リスクをコントロールできれば、不動産投資は決して怖いものではありません。

［質問頻度］
★★★★★
［重要度］
★★★☆☆

不動産投資を「怖い」と感じるのはなぜか？

それは、**不動産投資を正しく理解できていないから**です。

人はよくわからないものに恐怖を抱きます。理解を深めれば深めるほど、恐怖感は小さくなっていくはずです。

私も最初は、不安でいっぱいでした。

不動産投資をはじめようと決めて、すぐにスタートを切れたかというと、そうではありません。当時の私はこんなことを考えていました。

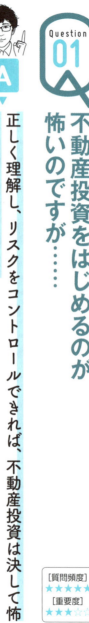

・銀行から大きなお金を借りて、きちんと返済できるのか？
・空室を埋めることができるのか？
・最悪、破綻したらどうしよう？

どうでしょう？　当時の私と同じように、ネガティブなことにとらわれて、なかなかはじめの一歩が踏み出せない人も多いのではないでしょうか。

いま思えば、**当時の私は知識が乏しかった**のです。**だから、怖かった**のです。

たしかに、不動産投資ではこれまで扱ったことのない大きな金額が動きますし、さまざまなリスクもともないます。不安になるのは当然です。

不動産投資に対する**「正しい知識」**と**「リスクコントロールの術」**を知れば、何も怖くありません。本書では、それらについて、重点的かつ懇切丁寧にお伝えします。

Question 02

不動産投資の魅力って、何ですか？

［質問頻度］★★★★☆
［重要度］★★★★☆

A ▼ **❶「お金」と「時間」を同時に与えてくれること、❷正しいステップを踏めば成功の確率が高まることが、不動産投資の魅力です。**

不動産投資の魅力は、次の2点だと実感しています。

魅力 ❶「お金」と「時間」を同時に与えてくれる

不動産投資は、**お金と時間を同時に与えてくれる非常に珍しいビジネス**です。世の中のビジネスの多くは**人々の労働に頼る「労働集約型」**（会社員はその最たるもの）であるのに対し、不動産投資は**資本が富を生む「資本集約型」**です。投資家である私たちが安定経営を果たせば、不動産がそのご褒美としてお金（家賃収入）と時間を同時に与えてくれるのです。

魅力 ❷正しいステップを踏めば成功の確率が高まる

不動産投資には**「再現性」**があります。つまり、**お手本となる正確なステップを確実に**

踏むことで、成功する可能性が高まるのです。

不動産投資をはじめたとき、私はごく普通の会社員でしたが、自分と同じように元会社員であった先人たちが、自らの成功法則を私に伝授してくれました。私は**先人たちが残してくれた成功の道をただひたすら歩んだ**にすぎません。

今度は、私が読者のみなさんに、成功法則を伝授する番だと思っています。

ちなみに、不動産投資をはじめる前の私は、主体的に行動したことはなく、自分で考えて行動することが非常に苦手で、臆病な性格でした。

こんな私が不動産投資をはじめられたのは、ほかのビジネスにはない、❶❷の魅力に気づいたからです。不動産投資を実践していくうちに、ますますその実感は強くなっています。

「お金がお金を生んでくれる」ということをいちばん実感できるのが、銀行の預金通帳を確認する瞬間です。

収益物件を取得することで毎月、管理会社から家賃が振り込まれ、そこから銀行返済分を引いた残りが、自分の収入（キャッシュフロー）となるわけですから。

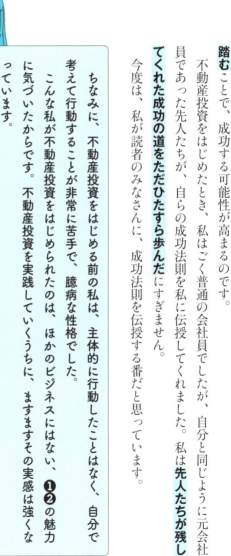

私が最初に購入した物件についての入出金が記録された預金通帳を公開します！

購入時

普通預金　1

	年月日(和暦)	記号	お引出し金額(円)	お預入れ金額(円)	残　高(円)
1	25-11-11	現金	ご新規		
2	25-11-15	振替	ローンご融資		
3	25-11-15	振込			
4	25-11-15	振込			
5	25-11-15	振替	*179,900	ローン関係手数料	*8,551,507*
6	25-11-15	振込	*1,134,840		*7,416,667*
7	25-11-15	現金	*105,630		*7,311,037*
8	25-11-24	振込	*63,350	P ｶ)ﾌｧｰｽﾄ	*7,247,687*
9	25-11-24	振替	*420	振込手数料	*7,247,267*
10	25-12-20	振込	ｶ)ﾌｧｰｽﾄ	*484,943	*7,732,210*
11	25-12-26	振替	*275,010	ｶｲｼﾞｮｳｶ	*7,457,200*
12	25-12-27	振替	*303,178	ローンご返済	*7,154,022*
13	25-12-30	振替	*3,933	ﾃﾞﾝﾘｮｸ	*7,150,089*
14	25-12-30	振替	*2,701	ﾃﾞﾝﾘｮｸ	*7,147,388*
15	26--1-14	振込	*138,000	P ｶ)ﾌｧｰｽﾄ	*7,009,388*
16	26--1-14	振替	*420	振込手数料	*7,008,968*
17	26--1-16	振込	*263,025	P ｶ) ｸﾘｰﾝｻ	*6,745,943*
18	26--1-16	振替	*420	振込手数料	*6,745,523*
19	26--1-20	振込	ｶ)ﾌｧｰｽﾄ	*498,839	*7,244,362*
20	26--1-27	振替	*264,535	ローンご返済	*6,979,827*
21	26--1-31	振替	*5,255	ﾃﾞﾝﾘｮｸ	*6,974,572*

管理会社からの送金（10）

銀行返済（12）

空室の影響で家賃収入が少ないです。
一方、購入時諸費用（仲介手数料、登記費用、火災保険料等）で支出が多いです。

購入から約半年後

普通預金　4

	年月日(和暦)	記号	お引出し金額(円)	お預入れ金額(円)	残　高(円)
1	26--5--2			繰越残高	*5,554,234*
2	26--5--2	振替	*432	振込手数料	*5,553,802*
3	26--5-19	振込	ｶｲｼﾞｮｳG	*16,300	*5,570,102*
4	26--5-19	振込	*5,256	P ｼﾔ) ｼﾙﾊﾞｰ	*5,564,846*
5	26--5-19	振替	*216	振込手数料	*5,564,630*
6	26--5-19	現金	*1,135,400	(不動産取得税)	*4,429,230*
7	26--5-20	振込	ｶ)ﾌｧｰｽﾄ	*614,873	*5,044,103*
8	26--5-27	振替	*264,535	ローンご返済	*4,779,568*
9	26--5-30	振替	*4,312	ﾃﾞﾝﾘｮｸ	*4,775,256*
10	26--5-30	振替	*3,481	ﾃﾞﾝﾘｮｸ	*4,771,775*
11	26--6-17	振込	*5,256	P ｼﾔ) ｼﾙﾊﾞｰ	*4,766,519*
12	26--6-17	振替	*216	振込手数料	*4,766,303*
13	26--6-20	振込	ｶ)ﾌｧｰｽﾄ	*593,332	*5,359,635*
14	26--6-27	振替	*264,535	ローンご返済	*5,095,100*
15	26--6-30	振替	*3,798	ﾃﾞﾝﾘｮｸ	*5,091,302*
16	26--6-30	振替	*3,143	ﾃﾞﾝﾘｮｸ	*5,088,159*
17	26--7--2	振込	ｶｲｼﾞｮｳG	*221,070	*5,309,229*
18	26--7-11	振込	*56,000	P ｶ)ﾌｧｰｽﾄ	*5,253,229*
19	26--7-11	振替	*432	振込手数料	*5,252,797*
20	26--7-12	振込	*5,256	P ｼﾔ) ｼﾙﾊﾞｰ	*5,247,541*
21	26--7-12	振替	*216	振込手数料	*5,247,325*
22	26--7-18	振込	ｶ)ﾌｧｰｽﾄ	*601,470	*5,848,795*
23	26--7-28	振替	*264,535	ローンご返済	*5,584,260*

底（12）

満室となり家賃収入が増えます。
一方、満室にするための支出（修繕費・広告料）が増え、不動産取得税等で預金残高は減ります。しかし、ここが「底」で、ここからキャッシュフローが貯まりだします。

購入から約1年半後

普通預金　8

	年月日(和暦)	記号	お引出し金額(円)	お預入れ金額(円)	残　高(円)
1	27--6-10			繰越残高	*8,681,217*
2	27--6-17	振込	*5,256	P ｼﾔ) ｼﾙﾊﾞｰ	*8,675,961*
3	27--6-17	振替	*216	振込手数料	*8,675,745*
4	27--6-29	振替	*264,535	ローンご返済	*8,411,210*
5	27--6-30	振替	*3,119	ﾃﾞﾝﾘﾖｸ	*8,408,091*
6	27--6-30	振替	*3,218	ﾃﾞﾝﾘﾖｸ	*8,404,873*
7	27--7-10	振込	ｶ)ﾌｱｰｽﾄ	*661,364	*9,066,237*
8	27--7-17	振込	*5,256	P ｼﾔ) ｼﾙﾊﾞｰ	*9,060,981*
9	27--7-17	振替	*216	振込手数料	*9,060,765*
10	27--7-25	振込	*56,000	P ｶ)ﾌｱｰｽﾄ	*9,004,765*
11	27--7-25	振替	*432	振込手数料	*9,004,333*
12	27--7-27	振替	*264,535	ローンご返済	*8,739,798*
13	27--7-30	振替	*4,113	ﾃﾞﾝﾘﾖｸ	*8,735,685*
14	27--7-30	振替	*3,440	ﾃﾞﾝﾘﾖｸ	*8,732,245*
15	27--8-10	振込	ｶ)ﾌｱｰｽﾄ	*442,866	*9,175,111*
16	27--8-17	振替	普通預金利息	*661	*9,175,772*
17	27--8-19	振込	*5,256	P ｼﾔ) ｼﾙﾊﾞｰ	*9,170,516*
18	27--8-19	振替	*216	振込手数料	*9,170,300*
19	27--8-27	振替	*264,535	ローンご返済	*8,905,765*
20	27--8-31	振替	*3,730	ﾃﾞﾝﾘﾖｸ	*8,902,035*
21	27--8-31	振替	*3,287	ﾃﾞﾝﾘﾖｸ	*8,898,748*

「底」から400万円以上のキャッシュフローが貯まっています。しかも、これは運営費用、税金（固都税、所得税等）、税理士報酬等のすべての支出を控除した手残りです。いうまでもありませんが、残債も着々と減っています。

Question 03

数ある投資の中で なぜ不動産投資を選んだのですか？

［質問頻度］★★★☆☆
［重要度］★★★★★

A

「実物資産に投資をしたい」「会社員に向いている」と感じたからです。

投資でお金を増やしたいと考えたとき、私にとっては**「急激な価格変動がないもの」「会社員に向いているもの」ということが重要な条件**でした。これらを満たしてくれるのが、不動産投資だったのです。

具体的には、次の3つがポイントです。

メリット

❶家賃は景気に左右されにくい

私は過去に、株式や投資信託など、いわゆる紙の資産に投資をしていました。しかし、日々の値動きに一喜一憂してしまう性格で、こういった投資に向いていませんでした。

不動産投資の**家賃収入は、「粘着性」（不動産価格が変動しても、家賃はすぐには変動しない）という特徴をもっています**。

不動産価格は景気に左右されますが、家賃は景気が悪くなったからといって、いきなり半分になったりはしません。たとえば2008年のリーマンショック後、不動産価格は大幅に値下がりしたかもしれませんが、家賃はそれほど落ち込んでいないはずです。**投資家の「精神衛生」という観点からも、不動産（家賃収入）は非常にすぐれた投資対象**だと考えました。

メリット

❷会社員こそ資金調達がしやすい

会社員は金融機関から見て非常に評価が高く、お金を貸しやすい存在です。**「会社員属性」（勤務先、年収、勤続年数等）を背景に、金融機関から融資を受けることができる**のです。これは会社員が不動産投資を実践するうえで、**最大のメリット**です。

メリット

❸業務のほとんどを外注できる

不動産投資、とくに賃貸経営の大きなメリットといえば、**業務のほぼすべてをアウトソース・仕組み化できる**ことです。

私の場合、賃貸管理や客付け（入居者を見つけること）は地元の不動産会社、リフォームは地元の工務店、清掃はシルバー人材センターといったように、ほとんどの業務をアウトソースしています。**「時間をお金で買う」感覚**です。

日々忙しく働き、「副業なんて、とても無理」という人が多いと思いますが、賃貸経営なら、隙間時間を利用してできます。

「会社員としての仕事をまっとうしながら、安定的に副収入を得ることができる」という選択は、不動産投資以外になかなかないのではないでしょうか。

Question 04

不動産投資はあまり儲からないと聞きましたが、本当ですか？

［質問頻度］★★★☆☆
［重要度］★★★☆☆

A

儲かる人もいれば、儲からない人もいるのが不動産投資の世界です。儲からない人の特徴は「儲からない物件」を買っていることです。


結論をいってしまえば、**不動産投資で儲ける（成功する）ことは可能ですが、安易に参入すると儲からない（失敗する）ことが多い**のです。ここでは「儲ける＝キャッシュフロー（Q36〔122ページ〕参照）を得る、転売益を得る」と定義します。

失敗するケースの典型は「儲からない物件を買ってしまう」ことです。

具体的には、次のようなパターンがあります。

失敗パターン

❶収益性の低い物件を買ってしまった

購入・融資条件等にもよりますが、**収益性（≒利回り）が低い物件を購入してしまうと、キャッシュフローが出にくくなります**。

たとえば、不動産業者の営業マンから「資産性の高い都内の一等地なら確実ですよ」「マンション経営で節税をしましょう」などとすすめられ、低利回りの投資用新築区分マンションに融資をつけて購入してしまった、というようなケースです。

こういった場合、**購入後にキャッシュフローが出ないどころか、赤字（持ち出し）が発生してしまう**ことも少なくありません。**購入前に入念なキャッシュフローの試算をしていないことが原因**です。

失敗パターン

❷客付けが難しい物件を買ってしまった

賃貸経営は、賃貸需要があってはじめて成立するビジネスです。ですから、賃貸需要のないエリア・物件を購入してしまうと、大変な目に遭います。

じつは、空室が多い物件や客付けが難しい物件は、高利回り物件として市場に出されることが多いものです。**いくら高利回りでも、客付けができなければ絵に描いた餅**です。

高利回りだからと安易に飛びつかず、**「購入後に客付けができるか？」といった視点で物件を見極めることが大切**です。

失敗パターン

❸大規模修繕コストを甘く見ていた

築古の高利回り物件によく見られるケースです。事実、購入後の突発的かつ想定外のリフォーム費や大規模修繕費に頭を抱えている不動産投資家はたくさんいます。

当然のことですが、**投資対象物件の躯体や設備などは、経年劣化します**。この当たり前のことに気づかず（あるいは目をつむって）、「高利回りだからいいか」と購入してしまう人がじつに多いのです。

これを避けるためには、購入前に、**経年劣化の程度、維持管理の状態、大規模修繕実施の有無などについて把握しておく**ことが肝要です。購入後に発生するかもしれない修繕費などを正確に予測することは難しいですが、これらを押さえておくだけでも、購入後の運営や資金繰りは違ってきます。

［まずは心の準備をする］のまとめ

☑ 正しく理解し、リスクをコントロールできれば、不動産投資は決して怖いものではない。

☑ 不動産投資の魅力は、❶「お金」と「時間」を同時に与えてくれること、❷正しいステップを踏めば成功の確率が高まること。

☑ 不動産投資は「実物資産に投資をしたい人」や「会社員」に向いている。

☑ 儲かる人もいれば、儲からない人もいるのが不動産投資の世界。儲からない人の特徴は「儲からない物件」を買っていること。

じっくりと計画を練る

Question 05

どんな物件に投資をすればいいですか？

[質問頻度]★★★★★
[重要度]★★★★★

A

最適な投資物件は、人によって違います。自分に合ったものはどんなものかを考えてみましょう。

投資物件を考える前に、自分に合った不動産投資の手法やプランを把握しておくことはとても大切です。ある人が採用している不動産投資手法は、もしかしたらあなたには合わない（採用できない）手法かもしれないからです。

不動産投資の手法は、主に左記の［**図表1◆1**］のような組み合わせで成立します。

手法を決める際には、「不動産投資をはじめる動機」と「不動産投資でどのような自己実現をしたいか」という2点がポイントです。

❶あなたが不動産投資をはじめる動機は何ですか？

まず、**あなたが不動産投資をはじめる動機を棚卸し**してみましょう。

「本業が順調なうちに2本目の収益の柱をつくりたい」「毎月数万円のキャッシュフローを得てお小遣いを増やしたい」「不動産キャッシュフローでサラリーマンをリタイアしたい（私はこれでした）」などなど……。

不動産投資をはじめる動機はさまざまだと思いますが、これが投資プランを立てるうえでのヒントとなります。

❷あなたは不動産投資でどのような自己実現をしたいですか？

次に、いま明らかにした動機から、**「目**

[図表1◆1] 不動産投資の手法例

	A		B	
築年数	新築	低利回り	中古	高利回り
エリア	都心	低利回り	地方	高利回り
スケール	戸建・区分	銀行評価低い	1棟	銀行評価高い
躯体	木造等	融資期間短い	RC造	融資期間長い
用途	商業系	不安定	住居系	安定
購入手段	現金	—	融資	レバレッジ
権利関係	所有権以外	銀行評価低い	所有権	銀行評価高い

標」（将来自分がなりたい姿）を逆算・イメージし、自分が置かれている状況などを考慮しながら、次の5つの項目に沿って投資スタイルを選択していきましょう。


【目的】キャッシュフローをねらうのか、転売益をねらうのか？

【金額】キャッシュフローをねらう場合、どれくらいのキャッシュフローがほしいのか？

【期間】求めるキャッシュフローをどれくらいの期間で得たいのか？

【資金】自己資金はどれくらいあるのか？

【環境】自分の属性を客観視した場合、どのような手法が選択できるのか？


自分自身の現状やゴールイメージを考慮しながら、不動産投資手法を導き出してみてください。

私の場合は潤沢なキャッシュフロー獲得を重視したため、「中古・地方・1棟所有・RC造・住居系・融資・所有権」と、37ページの［図表1◆1］では、すべてB列に該当しました。

結果、フルローン融資を受けながら、地方の中古RC造1棟マンションを購入していくという手法を採用しています。

私のようにレバレッジ（少ない資金を元手に大きな金額の取引を可能にする仕組み）をきかせた投資手法が、万人に最良の選択だというわけではありません。自分に合った投資スタイルを実践することが大切です。

Question 06

不動産投資をはじめるには、もう遅すぎるのではないですか？

［質問頻度］★★☆☆☆
［重要度］★★☆☆☆

A

不動産投資のベストタイミングは「自分がやろうと決断したとき」です。はじめるのに遅すぎることはありません。

不動産価格や金融機関の融資姿勢は、景気に左右されるものです。

ですから「もう遅すぎるのではないか」と考えるのも無理はありません。できることなら**「金融機関がお金を貸してくれるときに、安い価格で買いたい」というのが私たちの本音**です。

ところが、一般的に市況の変化と金融機関の融資姿勢、不動産価格は次のような相関関係になっています。

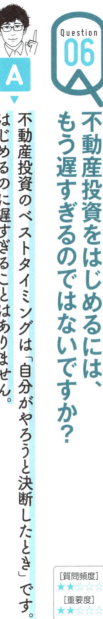

【好況時】金融機関の融資姿勢→積極的　不動産価格→上昇
【不況時】金融機関の融資姿勢→消極的　不動産価格→下落

つまり、**お金を借りやすいときは不動産価格が上がり、逆に不動産価格が下がれば、お金は借りにくくなる**のです。

「不動産投資をはじめたい」というと、いつの時代にも「もう遅すぎる」「いまは時期が悪い」などと水を差す人がいます。好況時は「不動産価格が高いから」、不況時は「融資してくれる金融機関がないから」というのです。

実際に、私もネガティブなアドバイスを受けました。

最近は、こんなことを言われました。

「不動産投資をはじめるなら、アベノミクスが本格化する前の2012年以前がベストだったよね。不動産価格が高騰したいまは、もう遅すぎるよ」

リーマンショックのころは、次のようなこともいわれました。

「信用収縮の煽りで、収益物件に融資をしてくれる金融機関なんてほとんどないよ。いまは融資の窓が完全に閉じてしまっている状況だから、ちょっと時期が悪いよね」

一見、どちらも正しいことをいっているように思えますが、不動産投資家の目線で見ると、どちらも間違っています。いかなるときも**不動産投資は与えられた環境で行うものであり、成功に導く術は必ずある**からです。

好況時であれ不況時であれ、**根気よく探せば、割安な不動産、融資してくれる金融機関は必ずあります**。その努力をすることなく、市況のせいにして思考と行動を止めてしまうのはもったいないと思うのです。

たとえば、好況時であっても、不動産は相対取引のため（売主に相場観がないこともある）、割安で購入できることもあります。また、物件価格が少々高くても、低金利で資金調達できればキャッシュフローは変わらないという場合もあります。

要は、本人の**「不動産投資を成功させよう」という意思のほうが、はるかに大切な**のです。

Question
07

不動産投資をはじめるにあたって、大切なことはありますか？

［質問頻度］★★★★☆
［重要度］★★★★★

A

大切なのは、金融機関から「お金を貸してもらえる人間」であることです。金融機関は「ある程度の資産があり、きちんとお金を返してくれそうな人」を好みます。

多くの場合、銀行からお金を借りて不動産を購入することになります。ですから、まず大切なのは、金融機関からお金を借りられるようにしておくことです。

多額の融資を受けて行う不動産投資は「金融機関ありきのビジネス」です。

主役は投資家である自分ではなく、お金を出してくれる金融機関だと考えるくらいでないと、うまくいかないのです［図表1◆2］。

不動産投資の主役である金融機関から融資を受けたいなら、**金融機関がお金を貸したくなる人物**、つまり**金融機関から評価される人物**になる必要があります。

では、どんな人が金融機関から評価される人物なのか。

金融機関がお金を貸したくなるのは、「借金を踏み倒されるリスクがかぎりなく小さい人」です。つまり、**「お金をたくさんもっている人」「利息をつけて約束の期間内に返して**

くれる人」になります。

金融機関から信用され、お金を貸してもらうためには、次の2つが重要です。

❶「属性」を磨くこと
❷「金融資産」があること

不動産投資をはじめようと決意したころの私には、残念ながら、金融機関から評価されるような属性も、金融資産もありませんでした。スタートラインにさえ立てていなかったのです。

そこで私は金融機関からの評価を上げるために、次のような努力をしました。

[図表1◆2] 不動産投資は「金融機関ありき」のビジネス

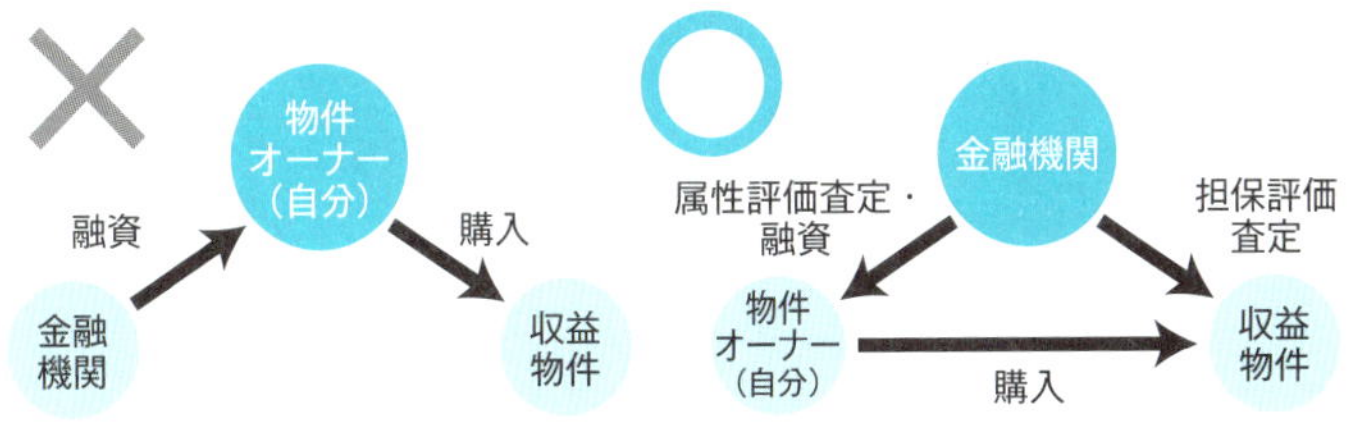

不動産投資の主役は、物件オーナーではなく金融機関と考える

金融機関からの評価アップ

❶「属性」を磨くために私がしたこと

・**転職**（零細鑑定士事務所→東証一部上場企業）

※転職については留意点があるので、Q53（163ページ）を参照してください

・**年収アップ**（会社規定の上限まで残業して稼ぐ）

金融機関からの評価アップ

❷「金融資産」をつくるために私がしたこと

・妻と**ダブルインカム**でお金を貯めまくる

・消費は最低限に抑える（マイカーや趣味はもたない）

・副業で稼ぐ（せどり、ネットオークション等）

これらは、一朝一夕にはいかないかもしれません。しかし、大きな夢をつかむための数年間の辛抱です。そう考えれば、努力できるのではないでしょうか。

Question 08

リスクを避けるには、どうしたらいいですか？

［質問頻度］★★★☆☆
［重要度］★★★★☆

A

不動産投資における最大のリスクは「無知であること」です。知識や情報を仕入れることが、リスク回避のための最強の手段です。

不動産投資のリスクとしてよく挙げられるのは、「空室リスク」「災害リスク（地震・火事等）」「大規模修繕リスク」「金利上昇リスク」「物件価値毀損リスク（不良入居者等）」「人口減少リスク」……といったところでしょうか。

たしかにこれらは不動産投資に関するリスクですが、やはり最大のリスクは、**不動産投資家として知っておかなければいけないことを知らない「無知のリスク」**です。

この最大のリスクを回避するには、どうすればいいのでしょうか？

簡単です。**「知識武装」すればいい**のです。

ひと昔前と異なり、現在不動産投資に関する情報は、巷にあふれています。

本書のような書籍、投資ブログやコラムなどネット上の情報、不動産投資セミナーなど、学べる機会や情報はたくさんあります。これらによって得た知識・情報は不動産投資を実践するうえで、みなさんの武器になり、財産となります。

ただし、すべての情報が信頼できるものとはかぎりません。媒体を問わず、情報そのものにバイアスがかかっている、発信者が自己の利益になるよう操作している（ポジショントーク）、裏に本当に売りたいバックエンド（本命商品）が隠れているなど、発信者による別の目論見がある情報も多々あります。

受け手であるみなさん自身が、これらの**「情報の質」を見極め、取捨選択しなければならない**ということを覚えておいてください。

「情報の質」を見極めるためには、不動産投資に関する書籍やブログなど、多くの情報に触れて自身の感覚を磨くことです。情報に触れる際は、発信者のプロフィールや実績を確認することもポイントです。

［じっくりと計画を練る］のまとめ

- 最適な投資物件は人によって違うため、自分に合ったものをまず見極める。
- 不動産投資をはじめるベストタイミングは「自分がやろうと決断したとき」。
- 実践するために大切なのは、金融機関から「お金を貸してもらえる人間」になること。
- 金融機関からお金を借りやすいのは、「ある程度の資産があり、きちんとお金を返してくれそうな人」。
- 知識や情報を仕入れて「無知のリスク」をなくすことが、リスク回避のための最強の手段。

実際に準備をはじめる

Question 09

超初心者ですが、まずやるべきことは何ですか？

［質問頻度］★★★★★
［重要度］★★★☆☆

A まずは「知識武装」のために勉強することです。

不動産投資初心者であれば、先に述べたように、まずは知識と情報を仕入れて「知識武装」のための勉強からはじめます。

方法としては、本書のような不動産投資に関する書籍を読む、セミナーに参加して情報を得る、情報商材を購入して学習する、大家の会などに参加して実践者の生の声を聞く、不動産投資コンサルタントから学ぶ……など、さまざまな方法があります。

書籍、セミナー、情報商材、大家の会、不動産投資コンサルタントなど、すべてにいえることですが、できるだけ「質」にこだわってください。**低質なものに関わってしまうと、**

お金と時間をムダにしてしまいます。

私はこれらすべての方法を実践しましたが、最低限の知識を得るうえで最もおすすめなのは、やはり**「読書」**でした。

私は書店の棚に並ぶ不動産投資に関する書籍を片っ端から大人買いして読み漁りました。こういった書籍は**1冊1500円程度、100冊読んでも15万円ほど**ですから、費用対効果の観点からも、非常にすぐれた自己投資だと思います。

Question 10 無料セミナーに行ってみようと思いますが、勉強になりますか？

［質問頻度］★★★☆☆
［重要度］★☆☆☆☆

A

無料セミナーへの参加は、おすすめしません。無料には無料である理由があるからです。

毎日のように、あちこちで無料の初心者向け不動産投資セミナーが開催されています。

そこで、「無料で教えてもらえるならありがたい」と思う人もいるかもしれません。

しかし、セミナーを開催するためには、会場費や人件費、広告費などの費用がかかります。これらの経費をかけてまで「無料で」人を集めようとするのには、それなりの理由があります。

◆無料セミナーをすすめない理由

多くの場合、**無料セミナーを主催するのは不動産業者**です。

いうまでもなく、**無料セミナーのねらいは、「無料」という餌で人を集め、個人情報を入手して物件の売り込みをしよう**というものです。当然ながら、ここで紹介されるような物件をそのまま購入するようでは、不動産投資で成功することは絶対にできません。

私も初心者のころ、不動産業者主催の無料相談会や無料セミナーに何度か参加しました。

無料セミナーの典型的なパターンとしては、成功している投資家などが登壇して初心者向けの簡単な講義をし、セミナー終了後に主催者である不動産業者の営業マンが会場にどっと押しかけてくるというものです。

私もそこで半強制的に個人面談、物件の営業をされたことが何度もありました。

有用な情報を得るためにわざわざ出かけていくなら、無料セミナーではなく、有料セミナーに参加することをおすすめします。

◆有料セミナーをすすめる理由

主催者側もお金をとる以上、**それなりの内容を提供する義務**を負います。

加えて、身銭を切って参加するわけですから、**受講者の意識も高くなります**。

有料セミナー後に催される懇親会などに参加して、意識の高い投資家仲間と知り合うのも刺激になっていいと思います。

ただし、有料であればすべていいというわけではありません。

「セミナーの質」を見極めなければいけませんし、何より自分の考え方や投資スタイルにマッチしたものを選ぶことが重要です。

Question
11

宅建などの資格は必要ですか？

［質問頻度］★★☆☆☆
［重要度］★☆☆☆☆

A
不動産投資をするにあたって、資格はとくに必要ありません。必要なスキルは、実践によって身につきます。

宅建（宅地建物取引士）やＦＰ（ファイナンシャル・プランナー）の勉強をすれば、最低限の法律や金融の知識は身につくかもしれません。

しかし、**金融機関開拓のスキル、人脈、ヒアリングスキル、業者とのコミュニケーションスキルなど、不動産投資に本当に必要なスキルは、実践でしか得られません。**

不動産投資に関するノウハウやスキルは、行動・実践しているうちに自然と身につくものです。経験上、机に向かって資格の勉強をしている時間よりも、実際に行動している時間のほうが何倍も有益でした。

なかには「ＲＥＩＮＳ」（Real Estate Information Network System、不動産流通標準情報システム）からいち早く物件を検索できるようにするために、宅建を取得し、業者登録をする人もいます。

しかし、ＲＥＩＮＳにすべての物件情報が載るわけではありませんので、あまりコストパフォーマンスのいい方法とはいえません。

私は、不動産系最高峰の国家資格である不動産鑑定士をはじめ、宅建（宅地建物取引士）、FP（ファイナンシャル・プランナー）など、数々の資格を保有していますが、これらの資格が不動産投資に役立ったことはほとんどありません。

知人から「不動産鑑定士の知識は不動産投資にも役立ちそうですね」「銀行からの評価もよさそうですね」などといわれることがありますが、そんなことはまったくないのです。

物件を見る目もみなさんとそう変わりませんし、融資においても資格をもっているからといって、**優遇を受けるようなことはまったくありません**。

［実際に準備をはじめる］のまとめ

☑ 初心者がまずやるべきことは、「知識武装」のための勉強である。

☑ 無料セミナーへの参加はおすすめしない。セミナーに行くなら「自分に合った有料のセミナー」にする。

☑ 不動産投資をするにあたって、資格はとくに必要ない。必要なスキルは、実践によって身につく。

第2章

誰も教えてくれなかった物件選びの本当のコツ

【物件選定・購入編】

Question 12

収益物件を取得するまでの流れを教えてください

［質問頻度］
★★☆☆☆
［重要度］
★★☆☆☆

A

情報収集・物件調査からはじまり、買付けを入れ、金融機関から融資承認を受けて、契約に進みます。

収益物件を取得するまでの大まかな流れを整理すると、次の10ステップのようになります。

❶情報を収集する

不動産ポータルサイトなどで、物件情報を収集します。

物件情報は膨大なので、あらかじめ**投資対象とする物件の種別・価格帯などの条件を決めておいたほうがいい**でしょう。

❷資料を請求する

自分の投資基準に照らしてマッチする（あるいは多少価格交渉をすることでマッチしそうな）物件の資料請求を不動産会社にします。

❸資料から物件を評価する

不動産会社から入手した物件概要書など、資料の内容を吟味します。この時点で、**物件の積算価格（Q25〔92ページ〕参照）および収益価格の簡易的な試算**を行います。

❹実際に物件を見に行く

よさそうな物件であれば、実際に現地まで足を運んで物件調査を実施します。自分の目で物件を確認し、**現地の不動産業者に対象物件のヒアリング（Q27〔98ページ〕参照）**をします。

❺買付証明書を出す

現地調査の結果、購入の意思が固まれば、不動産仲介業者を通して売主に対して買付証明書を提出します。指値（買主側の希望価格）や付加したい条件があれば、このときに伝えます。

❻金融機関に融資を申し込む

買付けが通ったら、金融機関に対して融資審査を申し込みます。**提出資料（Q48〈152ページ〉参照）をあらかじめ準備しておく**とスムーズです。

❼売買契約を結ぶ

手付金を準備し、売主サイドと詳細条件を詰めたうえで売買契約を締結します。融資承認前であれば、必ず、**融資特約（Q31〈107ページ〉参照）をつけて**売買契約を締結します。

❽融資承認が出る

金融機関から融資承認が出ると、同時に融資条件（金額・期間・金利等）が知らされます。許容できる条件であれば、続く金銭消費貸借契約、決済に進むことになります。

❾金銭消費貸借契約を結ぶ

金融機関と**金銭消費貸借契約**（将来の弁済を約束したうえで、金銭を消費するために借り入れる契約）を締結します。同時に**抵当権設定契約書**を締結する場合が多いです。

❿決済する

買主は売主に残代金を支払い、売主は買主に不動産登記を移転する手続きを開始します。

初心者が最初の物件を購入するまでには、少なくとも数ヵ月～半年程度の期間が必要です。私も実際に動き出してから最初の1棟を購入するまでに、半年ほどかかりました。不動産を取得するには、❶～❿のようにさまざまなプロセスを経なければならず、慣れないうちはこれらに時間がかかります。

また、少なくとも**最初の1～2ヵ月は、不動産投資の知識をつけるための勉強期間**にあててほしいと思います。

専門の不動産業者にまかせてしまえば、簡単に決済まで漕ぎつけるかもしれませんが、**まずは一度、自分ですべてやってみる**ことをおすすめします。自分でやってみることで経験値が上がるので、次回からはスムーズに進むはずです。

業者にすべてまかせてしまう人も多いですが、そもそも**業者の目的は「成約させて仲介手数料を得ること」**です。私たち投資家の利益ではなく、売買成立だけを目的としている業者も少なくありません。

Question 13

どうやって優良な物件情報を得ているのですか？

［質問頻度］
★★★★★
［重要度］
★★★☆☆

A

「とにかくたくさんの物件に目を通す」という地味な作業の繰り返しから、優良物件を探し出します。

私が優良物件を探すために、毎日のように目を通しているのは次のようなものです。

・不動産投資専門のポータルサイト
・収益物件専門業者のホームページ
・仲介業者発行のメルマガ
・全国の（大小問わず）不動産業者のホームページ
・不動産競売物件情報サイト
・全国の公売情報

毎年、何棟もの収益物件を購入しつづけ、年間1億円以上の家賃収入を得ている私とみなさんとの間に、情報の格差はありません。

つまり、**特別な情報ルートは存在しない**ということです。

よく「川上物件の入手方法を教えてください」「市場に出回らない物件情報をもつ仲介業者を教えてください」などと聞かれますが、そんなものがあるなら、私が知りたいくらいです。

私がしていることといえば、媒体を問わず、**毎日、目を皿のようにして全国の物件情報を見ているだけ**です。非常に地味な作業を繰り返しているのです。

しかし、この**地道な努力ができるかどうかで、不動産投資の成否が決まる**といっても過言ではありません。物件情報を見れば見るほど、あなたの物件を見る目は磨かれていくはずです。

物件探しや融資付けは、すべて自分で行うべきです。間に業者を入れれば、彼らの利益が乗りますから、手間暇を惜しんだ分、自分の儲けが減ってしまうのです。

［実践前の基本中の基本］のまとめ

☑ 物件取得までの流れは、主に10ステップある。情報収集・物件調査からはじまり、買付けを入れる、金融機関から融資承認を受ける、交渉後契約に進むというのが主な流れ。

☑ 初心者が最初の不動産を購入するまでには、少なくとも数ヵ月〜半年程度の期間が必要。

☑ 業者まかせにせず、まずは一度、自分ですべてやってみることで経験値が上がる。

☑ 優良な物件を探すための近道はない。「とにかくたくさんの物件に目を通す」という地味な作業を繰り返すしかない。

本当に効く業者対応のコツ

Question 14

不動産業者が情報を送ってくれません。どうしてですか？

［質問頻度］★★★★☆

［重要度］★★★☆☆

A

業者から情報をもらえない場合、「買えない客」だと思われているか、希望物件が業者に伝わっていない可能性があります。

「物件情報を流してほしい」とお願いしても、不動産業者から情報が送られてこないことがあります。そのような場合、次のような理由が考えられます。

理由

❶業者から「買えない客」というレッテルを貼られている

情報を流してくれる業者は仲介手数料をとることを生業としていますので、**「買える（買いそうな）客」にしか優良物件を紹介しません。**

そのため、情報を流す客にも優先順位があります。

優良物件であるほどすぐに買い手がつくものですから、買う気のなさそうな客は、優先順位が下がってしまうのです。

「買える（買いそうな）客」と認識されるためには、**「レスポンス」と「意思決定」を早くする**ことです。そうすれば、その他大勢から頭ひとつ抜け出すことができます。

私の場合、物件情報をもらったらすぐに折り返しの連絡を入れ、物件の詳細情報、仲介業者の「物件グリップ（不動産を押さえること）」の強弱を聞き出し、すぐに意思決定するようにしています。

理由❷「買いたい物件の要望」を正しく伝えきれていない

あなたがどんな物件を望んでいるのかがわからなければ、業者側も物件を紹介することはできません。

「いい物件があったら紹介してください」だけでは、絶対に物件の紹介はないと考えておきましょう。あったとしても、不特定多数への一斉配信情報くらいです。

私は、ポータルサイトなどを介して物件資料を収集する際、必ず、［図表2◆1］のような文言を入れるようにしています。

前半では**「自分がほしいのはこんな物件」という投資対象を具体的に示し**、これ以外の物件情報はいらないということを暗に伝えています。

後半では**「自分は買える客」であることを大いにアピール**しています。自分はすでに数棟を保有している不動産投資家であり（業者は初心者を避ける傾向にある）、銀行から融資枠をすでに獲得していて、いつでも購入できるということを伝えています。

このような工夫で、仲介業者の反応はまったく違ってきます。

初心者であっても、**仲介業者とわたり合えるような会話ができるよう勉強したり**、先に銀行の融資枠を獲得したりするなど、自分が「買える客」であること

［図表2◆1］「自分は買える客」「買いたい物件の要望」の2つを正しくアピール

次のような物件を探しております。もし情報がありましたら、ご一報ください。

用　途	マンション1棟（ファミリー◎、シングル○）
構　造	RCもしくはSRCのみ
築　年	平成築希望
価格帯	0.5億～3億円程度
エリア	全国
利回り	12%～

なお、私の属性は次のようになります。

世帯年収	○○○○万円
勤 務 先	東証一部上場企業
職　　種	不動産鑑定士
自己資金	○○○○万円
保有物件	マンション○棟
融 資 枠	○○銀行から○億円の「融資枠」あり

をアピールできれば、反応は違ってくるはずです。

たとえば不動産業者と同じレベルで会話をするためには、業界特有の「共通言語」のようなものを習得する必要があります。私も最初はチンプンカンプンでしたが、本をたくさん読んで勉強したり、業者との面談を繰り返したりすることでだんだんわかってきました。

銀行の融資枠（銀行が自分にどれくらい貸してくれるのか）は、金融機関に物件と自己属性等をあわせて持ち込み、総合的に評価してもらうことで、おおよその目安がわかることがあります。

Question 15
横柄な態度の業者とつきあうのは、やめたほうがいいですか？

［質問頻度］★★☆☆☆
［重要度］★★☆☆☆

A ▼ 自分が客であるという意識を捨て、不動産業者は対等なビジネスパートナーであると考えましょう。

一般的に買い手はお客様であり、高額な商品を買えば相応のサービスを受けられます。

そのため不動産売買においても、「もっと手厚く扱ってほしい」と思いたくなる気持ちもわかります。

しかしながら、不動産投資の世界ではそれは当てはまりません。

現在のように不動産市況が活発になり、収益物件に対する需要が高まると、むしろ**業者のほうが優位という構図**になります。**優良物件であればなおさら**です。

不動産投資は、業者からの物件紹介なしには成立しません。

態度が少々横柄だったり、癇に障ったりしたとしても、**「お客対業者」という関係ではなく、「大切なビジネスパートナー」**と割り切るくらいの気持ちが必要です。

加えて、**不動産業界は非常にアナログかつ、縁を重んじる業界**です。

いまだに営業ツールは電話とＦＡＸのみというところもあります。地方に行けば行くほどこの傾向は強く、昔気質の不動産業者もたくさんあります。

こういった商慣習があることを念頭に置き、昔気質の人たちをうまくコントロールするくらいの心構えが必要です。

以前、融資枠をもっていたある地方のエリアで、物件探しのローラー作戦で地元の不動産業者を回ったことがありました。

その中に、まったく商売っ気のないご高齢のおじいさんがひとりでやっている不動産業者がありました。

「せっかく遠くまで来たのだから、ダメもとで聞いてみよう」といった調子で、訪ねてみたのです。

「東京から来た者ですが、収益物件を探しています」と話したところ、「収益物件？　何だそれは？　そんなもんうちにはないよ。用がないなら帰ってくれ！」と横柄な態度で門前払いされそうになりました。

このまま帰るのも面白くないので、世間話に持ち込んで食い下がりました。

すると、おじいさんと私は同郷であることが判明し、そこから話が盛り上がったのです。世間話をすること1時間……。

「そういえばお兄ちゃん、東京からアパートを探しに来たんだっけ？　一昨日、遠い親戚から預かった物件があるんだけど、見てみるかい？」といわれて紹介されたのが、2棟目に購入した物件です。稼働率は40％と低いものの、**RC造・築15年・利回り25％という、ありえないお宝物件**でした。

おじいさんに「この物件は絶対に私が購入しますので、ほかには絶対に紹介しないでください」と念押しして、そのまま融資枠のある銀行に相談、1週間後に融資承認、1ヵ月もかからずスムーズに決済できました。

購入後、3年間満室経営を続け、その後2倍以上で売却できた超優良物件でした。

心を開いて話せば、ときにはこのようなミラクルが起こる可能性もあります。

相手の態度が横柄だからと敬遠せず、不動産業者とのつながりは大切にしてほしいと思います。

Question 16 どんな不動産業者にアプローチすればいいですか？

［質問頻度］★★★☆☆
［重要度］★★★☆☆

A **不動産業者は、できれば「元付業者」をねらいましょう。元付業者は両手の手数料をとれるため、対応もよく、条件交渉もしやすいからです。**

不動産売買には、**売主サイドの「元付業者」、買主サイドの「客付業者」**が関与します。**「元付業者」とは、売主から直接売買の依頼を受けている業者**のことです。「物担《ぶったん》」「物元《ぶつもと》」ともいわれます。

買主が元付業者と直接取引することで、元付業者は売主と買主双方から成功報酬（手数料）を受け取ることができます。これを「両手」といいます（一方のみから受け取る場合を「片手」といいます）。

手数料が2倍になるのですから、元付業者は「取引を成立させよう」とやる気になりますし、売主とつながりがあるので条件交渉もしやすくなります。

では、元付業者を見分けるには、どうすればいいのでしょうか。

不動産業者と売主との関係は、**物件概要書や広告に記載してある「取引態様」を見ればわかります**。

つまり、物件の広告などに**「専属専任媒介（契約）」「専任媒介（契約）」と記載されている業者**がねらい目だということです［図表2◆2］。

ただし、客付業者などから得た情報から元付業者を割り出して、元付業者へアタックするのは、業界のタブーなのでやめておいたほうが無難です。

［図表2◆2］不動産業者と売主との関係をチェックする

「売主」……売主が直接に客を探す場合

「専属専任媒介契約」……すべてを1社にまかせるケース

「専任媒介契約」……1社との契約＋売主も客を探せるケース

「一般媒介契約」……複数の不動産会社と契約できるケース

「媒介」あるいは「仲介」…… 売主との媒介契約がない（客付業者）

Question 17

売主の売却理由が気になります。確認しておくべきですか？

[質問頻度]
★★★☆☆
[重要度]
★☆☆☆☆

A

売却理由をあえて確認する必要はないでしょう。本当の理由を知らせるとはかぎらないからです。

不動産業者に「売主さんはどんな理由で売却されるのですか？」としつこく尋ねる人がいます。

「相続で売り急いでいる」といった売主側の実情を把握できれば、価格交渉の余地があるかもしれないと考えて、売却理由を聞き出そうというのかもしれませんが、売主の立場に立ってみると、**買主にわざわざ懐事情を知らせるようなことはしない**のではないでしょうか。

私も物件を売りに出した際、買主から売却理由を聞かれたことがありますが、本当の理由は伏せて、たんなる「資産整理」と答えるようにしていました。

売主から信憑性のない売却理由を聞き出す努力をするよりも、その不動産を購入することで、求めるキャッシュフローを得ることができるのか、満室にすることができるのか、といったことに神経を尖らせましょう。

［本当に効く業者対応のコツ］のまとめ

- 不動産業者から情報をもらえない場合、「買えない客」だと思われているか、希望物件が業者に伝わっていない可能性がある。
- 自分が客であるという意識を捨て、不動産業者は対等なビジネスパートナーだと考える。
- 不動産業者は、できれば「元付業者」をねらうようにする。元付業者は両手の手数料をとれるため、対応もよく、条件交渉もしやすい。
- 売却理由をあえて確認する必要はない。本当の理由を知らせるとはかぎらないから。

いい物件、危ない物件の見極め方

Question 18

過去に自殺のあった物件を紹介されました。見送ったほうがいいでしょうか？

［質問頻度］★★★☆☆
［重要度］★★★☆☆

A

事故物件であっても、価格（利回り）によっては、購入を検討してもいいでしょう。割安で買え、賃料を下げても十分なキャッシュフローを見込めることが条件です。

自殺などのあった物件は**「心理的瑕疵物件」**と呼ばれます。

心理的瑕疵物件とは、**過去に「自殺・殺人」「事件や事故による死亡」「事件・事故・火災」等のあった物件**のことをいいます。そのため、**割安で購入できることがあります**。

実際に私にも「心理的瑕疵物件」を購入した経験があります。10年ほど前に飛び降り自殺のあった物件でした。

私は心理的瑕疵と当時の稼働率の悪さを理由に、利回り20％ほどで購入しました。現在は管理会社の判断で（室内の自殺ではないため）告知義務なしで客付けしてもらい、満室です。

室内の自殺などの場合も同様で、**リスクを織り込んで目標とするキャッシュフローが出るなら、投資対象**になります。過去に自殺があった部屋でも賃料を相場の半分にするなどの工夫で、一定の需要は見込めるでしょう。

ほかの心理的瑕疵、たとえば、嫌悪施設（墓地や火葬場）が付近にあるといった物件でも、賃貸需要があり、かつ割安で購入することで十分なキャッシュフローが得られるなら、投資対象として検討の余地があります。

一方、**反社会的勢力が入居しているマンションは、はなから投資対象外**です。

そもそも金融機関からの融資がつきませんし、仮に購入できたとしても、出口（売却）が塞がれることになるからです。

Question 19

旧耐震基準の建物には手を出すべきではないでしょうか？

[質問頻度] ★★☆☆☆

[重要度] ★★☆☆☆

A

古いという理由だけで投資対象外とするのはもったいないケースもあります。自分が望むキャッシュフローが出るなら、検討してもいいでしょう。

耐震基準とは、建築物の設計において保証される耐震能力（いかに地震に耐えられるか）の基準です。**旧耐震基準とは、1981（昭和56）年5月31日以前の建築確認において適用されていた基準**のことをいいます。

旧耐震基準の物件であるということは、**ある程度築年が経過していて、法定耐用年数でカウントすると、残存年数（融資期間）が短い**ことを意味します。このような築古物件でキャッシュフローを求めるためには、**「高利回り」であることが絶対条件**です。

築古物件（旧耐震基準にかぎらず）は、一般的に敬遠される傾向にありますが、見逃せない2つのメリットもあります。

> **❶退去が極めて少なく、定着率がいいこと**
> **❷家賃が下落するリスクが低いこと**

❶は、生活保護受給者などの低所得者が入居しているケースが多く、引っ越し費用などの問題を含め、ほかに行き場がないことが理由です。

❷は、築古物件はこれまで何度も入居者の入れ替わりがあり、**現行家賃が相場並みもしくは下限に達している**ケースが多いことが理由です。

私にも次のような旧耐震基準の地方物件を2016年に購入した経験があります。

・価格……6000万円
・構造……RC造
・築年数……35年
・利回り……23％
・稼働率……50％
・融資金額……6000万円
・融資期間……12年
・金利……1・2％

築年が古く、稼働率も悪い物件でしたが、迷うことなく購入しました。利回りが非常に高く、**残存期間の融資期間でも十分なキャッシュフローが出る**と確信したからです。

この物件は購入後、半年ほどで満室になり、潤沢なキャッシュフローを生み出してくれています。安く買えているので、「リフォーム費に回せる」「賃料を相場より低めに設定できる」「広告料を相場より多めに支払える」という好循環が生まれ、満室が実現できているのです。

この物件の前所有者は、地元の建築会社でした。建物は自社施工、維持管理状態も比較的良好でしたので、購入後は室内のリフォーム費以外は投じていません。しっかりした建物なので、法定耐用年数の47年を超えても十分にもつと思われます。

Question 20 私立大学付近の物件を購入したいと思っていますが……

[質問頻度] ★☆☆☆☆
[重要度] ★★★★☆

A 「○○ありき」で賃貸需要を見込んでいる依存物件は、おすすめしません。

付近の大学や工場に入居者を依存している物件を、俗に**「依存物件」**といいます。

「近所に大学があるから、学生さんが入れ替わり立ち替わり入居してくれるだろう」「大きな工場があるから、従業員の入居が見込めるだろう」という物件です。

しかし、次のような**「○○ありき」という依存物件には、手を出さないほうが賢明**です。

買ってはダメ

❶増えすぎた「大学」は今後、淘汰される可能性あり

少子高齢化を背景として、増えすぎた大学が「淘汰の危機」に瀕しています。約4割の私立大学で定員割れとなる中、とくに地方の私立大学では、この傾向が顕著です。

地方の私立大学付近の物件を検討する場合は、「もしもこの大学が閉鎖・移転になっても、ほかの需要で補完することができるのか?」といった視点が必要です。**補完できない完全な依存物件の場合は、投資対象外**としていいでしょう。

買ってはダメ

❷大企業でも安心できない「企業城下町」

特定の企業や工業団地に依存している物件についても、❶と同じように考えなければいけません。

日本を代表する超大手メーカーでさえ、経営が傾く時代です。「有名企業だから大丈夫だろう」ではなく、「この会社がなくなっても、ほかの需要が見込めるか?」という視点で判断すべきです。

買ってはダメ

❸「温泉街」はいま以上の需要が見込めない

不動産ポータルサイトなどで、温泉街にある収益物件が高利回りで紹介されているのを目にしたことがある人も多いと思います。

温泉街にある物件は、その温泉街で働く人たち以外の需要は見込めません。加えて、付近に管理してくれる不動産会社もないことが多いのです。

私は**どんなに高利回りであろうと、温泉街の物件は購入対象から外しています**。

Question 21

銀行から紹介された物件や競売物件はお宝物件なのでしょうか？

［質問頻度］★★☆☆☆
［重要度］★☆☆☆☆

A

「金融機関からの紹介物件」「競売物件」「任意売却物件」だからといって、必ずしもいい物件とはかぎりません。安易に飛びつくのは危険です。

銀行や信用金庫とのつきあいができると、これらの金融機関から物件紹介を受けることがあります。金融機関がすすめてくるのだから「お宝物件なのでは？」と考えがちですが、**実際には良質な物件ではないことが多い**ので、注意しましょう。

私もこれまで何度か金融機関から物件を紹介されたことがありますが、**破綻物件や不良債権物件ばかりで、到底購入できるような代物ではありません**でした。

紹介されたのは、シャッター商店街の廃れたソシアルビル（居酒屋やバーが入居する雑居ビル）、市街化調整区域内にある鉄骨造の作業場、法定耐用年数を大幅に超えた築古の木造アパートなどです。
これらが破格であり、かつ再生可能であれば検討に値するのですが、いずれもこちらの条件にマッチするものではありませんでした。

「競売物件や任意売却物件は割安である」というのを聞いたことがある人も多いのではないでしょうか？

「任意売却」とは、不動産を売却してもローン全額を返済できず、ローンが残ってしまう状況（オーバーローン）において、債務者（売主）と債権者（金融機関）の間に仲介者（主に不動産業者）が入り、不動産を競売にかけずに三者（債務者・債権者・買主）が納得のいく価格で取引を成立させることをいいます。

「任意売却物件」と聞くと、金融機関からの物件紹介と同様、「お宝物件」だと考えがちです。なかには債務者が競売にシフトする前に売り急ぐケースもありますが、ほとんどの場合、**「募集価格」は一般市場の相場価格と変わらず、「お宝物件」と呼べるような物件ではありません。**

同様に、**昨今の「競売物件」は入札者が激増し、ひと昔前のように割安で購入できるこ**

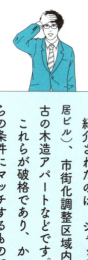

とは少なくなっています。

［いい物件、危ない物件の見極め方］のまとめ

- ☑ 過去に自殺があったなどの心理的瑕疵物件であっても、価格（利回り）によっては購入を検討する価値がある。
- ☑ 旧耐震基準の建物などの築古物件は、自分が望むキャッシュフローが出るのであれば、検討してもいい。
- ☑ 大学付近の物件など、「○○ありき」の依存物件はおすすめできない。
- ☑ 「金融機関からの紹介物件」が、お宝物件とはかぎらない。「任意売却物件」や「競売物件」は、相場価格とあまり変わらないことが多い。

ここが肝心！資料の見方

Question 22

物件概要書をチェックするときのコツを教えてください

［質問頻度］
★★★★☆
［重要度］
★★★★☆

A

自分の投資スタイルに合わせて重要な事項を3つくらい決めておき、物件概要書はどんどん取捨選択。ただし、条件がよくても、違法物件はNG。記載情報をすべて鵜呑みにせず、疑ってみることも大切です。

不動産の物件概要書には、**物件名、住所、価格、築年数、構造、土地面積、建物面積、設備、利回り**など、重要かつ基本的な情報が記載されています。

しかし、不動産投資で成功するためには、ひとつでも多くの物件概要書に目を通さなければなりません。すべてをチェックしていたら、時間がいくらあっても足りません。

私は、**「①構造→②築年数→③利回り」の順にチェック**します。

私の場合「中古RC造1棟マンション」をメインの投資対象としているため、この3つの情報で、ある程度取捨選択ができてしまうからです。

たとえば、構造が木造であったり、築年数が35年を超えていたりするような場合（融資期間がとれない）は、基本的に投資対象外としています。また、利回りが10％未満の物件（収益性が低い）も同様です。

このように、**投資対象および確認する項目を3つくらい決めておけば、数秒で判断でき、より多くの物件概要書に目を通す**ことができます。

物件概要書を見るときに注意すべき点は、主に次の2点です。

注意点 ❶売却が難しい「違法物件」ではないか

物件をチェックしていると、ときどき「おっ？」と目に留まる条件のよさそうな物件があります。

しかし、よくよく見てみると、**容積率オーバー物件**や**既存不適格建築物**（建築時には適法であったが、その後の法令改正などによって現行法にマッチしない建築物）であることが多いものです。

指定容積率・建蔽率を超過しているなどの違法物件は、絶対に購入してはいけません。

そもそも違法物件は銀行に融資を断られることが多く、仮にノンバンクで融資を受けられたとしても、**売却が難しく、出口が塞がる可能性が大きいので、避けるべき**です。

違法物件は、**「本物件は建蔽率、容積率を超過しています」**などと物件概要書に記載されているはずですが、備考欄に小さく表示されることが多いので注意しましょう。

たとえ記載がなくとも、**数字をもとに推測する**こともできます。

指定容積率200％のエリアで「延床面積1000㎡、地積400㎡」とあれば、容積率は250％となり、容積率超過を疑うことができます。

注意点

❷記載情報がすべて正確とはかぎらない

こういうと身も蓋もありませんが、**物件概要書に記載されている内容や数字は、案外いい加減な場合が多い**ものです。すべて鵜呑みにせず、多少疑ってかかることも大切です。

とくに、支出項目については要注意です。

不動産業者は、利回りを大きく見せようと、収入項目（家賃、駐車場、携帯電話の基地局設置など）についてはしっかり記載するのですが、**支出項目については調査・概要書への反映が疎かになる**ことがあります。

私が実際に経験したケースでは、敷地内だけでは駐車場が確保できず、敷地外駐車場を借りている（地代が発生する）にもかかわらず、その情報が伏せられていました。

意図的とはかぎりませんが、自ら物件調査をしたことで判明しました。この物件は家賃収入に占める敷地外駐車場料金の割合が大きかったので、購入を見送りました。

また、水道代や町内会費が家賃込みの場合、これらを収入に入れて利回りが計算されているケースもあるので、注意してください。入居者から実費を徴収してオーナーが水道局や町内会にまとめて支払う形になるため、収入ではありません。

記載情報が正確かどうかを確認するには、**不動産業者に納得いくまで聞いてみる**ことです。**実際に物件を管理している管理会社にヒアリングできれば、事実が判明しやすい**でしょう。

Question 23 「レントロール」はどこをチェックすればいいですか？

[質問頻度]★★★☆☆
[重要度]★★★★☆

A **レントロールを見るときには、「日付」「入居偽装」「現家賃」「募集家賃」という4つの重要なチェックポイントがあります。**

[ここが肝心！資料の見方]

「レントロール」とは、マンションやアパートを1棟買いする際、その物件の**賃貸借条件が一覧できる書類**のことです。各戸ごとに、どんな人がいくらの家賃で入居しているかなどが記載されています。

レントロールについては、とくに次の4項目についてチェックします。

レントロールのチェック

❶「日付」を見て、古い情報ではないか

入手したレントロールが**最新のものであることを確認**します。

現状がわからない古いレントロールで検討しても意味がありません。長いこと売れ残っている物件の場合、不動産業者から送られてくるレントロールが半年〜1年前のものであることもあります。

レントロールのチェック

❷稼働率を上げるための「入居偽装」はないか

レントロールは売主から提供される資料や情報をもとに不動産業者が作成しますが、稼働率を上げようと、**売主が「入居偽装工作」をする**ことがあります。

稼働率が高いほど買主の目に留まりやすく、融資もつきやすいため、売却しやすい物件となるからです。

私が実際に体験したケースを紹介します。
購入時に満室稼働だった全8戸の1棟マンションを購入したときのことです。
購入してから1ヵ月も経たないうちに、2戸の退去が相次ぎました。
確認してみると、ほかの6戸は管理会社が客付け・保証会社加入（Q81〔233ページ〕参照）をしているにもかかわらず、この2戸だけがオーナーとの直接契約でした。しかも契約は購入の1ヵ月前、家賃は相場より2割ほど高めでした。明らかな入居偽装です。

売主と争うことも考えましたが、自分の脇の甘さを反省し、次の入居者で満室にすることに気持ちを切り替えました。

「入居偽装」を見抜くためにも、次の点に留意しましょう。

・賃貸借契約書を入手して契約締結日を確認（直近の場合は要注意）
・管理会社経由ではなくオーナーとの直接契約になっていないか
・オーナーと同姓の入居者がいないか（親戚などによる入居偽装の可能性）

レントロールのチェック

❸既存入居者の「現家賃」が割高になっていないか

中古物件の場合、各戸の家賃にバラツキがあります。最近の入居者の家賃や空室の募集家賃と、長期入居者の割高な家賃が大きく乖離していることがあるのです。

割高な家賃は現行募集家賃の水準に引き直して収支計算しておかないと、購入後に痛い目に遭います。

築20年の物件を購入した際、私が経験したことです。この物件には新築当時からの入居者がいたのですが、間の悪いことに購入後、間もなく退去しました。

室内はボロボロでリフォーム費は通常の倍かかり、新規募集家賃は3割ダウンというダブルパンチでした。

レントロールのチェック

❹空室の「募集家賃」は適正か

売主は物件を少しでも高く売りたいので、空室の募集家賃を相場より高く設定していることがあります。❸と同様、**空室部分についても、現行募集家賃の水準に引き直してから**

収支計算しましょう。

［ここが肝心！ 資料の見方］のまとめ

- ☑ 物件概要書をチェックするときは、「構造」「築年数」「利回り」など、自分の投資スタイルに合わせて重要な事項を3つくらい決めておき、どんどん取捨選択していく。
- ☑ たとえ条件がよくても、違法物件はNG。記載情報をすべて鵜呑みにせず、疑ってみる。
- ☑ レントロールは「日付」「入居偽装」「現家賃」「募集家賃」の4つに注意してチェックする。

物件の良し悪しを見抜く！

Question 24

物件選びの最重要ポイントを教えてください

［質問頻度］★★★★★
［重要度］★★★★★

A

重要なのは、「満室経営」ができる物件であることと、金融機関から「融資を受けられる」エリアであることです。

私の物件購入の選定基準は、次の2つです。

選定基準

❶「満室経営」が可能な物件である

私は全国の高利回り物件を投資対象にしているため、候補となる物件は、所在エリアがいまひとつであったり、稼働率が悪かったりすることも少なくありません。

ここで見極めなければならないのが、**「この物件を、今後満室にすることができるかどうか」**です。

私は「満室至上主義」ですから、空室が大嫌いです。空室は機会損失であり、家賃5万円の部屋を半年間空室にしておいたら、30万円をドブに捨てるようなものです。

一般的に、家賃を下げたり、リフォームで設備を充実させたり、広告料を上げたりすれば、稼働率は上がります。しかし、**そもそも賃貸需要がない、物件そのものに問題があって客付けができない**という場合もあります。

購入してからでは遅いので、購入前に満室経営ができるか否かを入念に調査・判断しなければなりません。

このとき「この物件ならきっと大丈夫」などと、自分の経験値や感覚に頼ってはいけません。**物件所在地の不動産業者へのヒアリングをもとに、客観的に判断**しましょう（Q27〔98ページ〕参照）。

選定基準

❷「融資が受けられる」物件・エリアである

どんなに条件がよくても、金融機関から融資を受けられない物件・エリアでは意味がありません。

不動産投資の初期段階では、まずは「物件ありき」になりがちですが、**「金融機関ありき」にシフトしたほうが効率的**です。「物件に融資付け」するのではなく、**「金融機関に物件付け」するイメージ**です。

〔物件の良し悪しを見抜く！〕

効率を考えるなら、まずは物件検索ではなく、**金融機関開拓をして、融資してくれそうな金融機関の融資エリア内（基本的には支店所在エリア）の物件を探すべき**なのです。

Question 25

物件を評価するには、どうすればいいですか？

［質問頻度］★★★★☆
［重要度］★★★★☆

A

「積算価格の算出」と「キャッシュフローの分析」によって、物件評価を行います。

「土地の価格」と「建物の価格」を合わせたものを「積算価格」といいます。
金融機関は積算価格を重視しますので、積算価格が出る物件が前提です。

❶積算価格を算出してみよう

積算価格は、土地の価格と建物の価格を算出し、合計して求めます。
それぞれの求め方は［**図表2◆3**］のとおりです。
積算価格を算出し、販売価格とくらべて問題がなさそうなら、次にキャッシュフローの出る物件か否かを見極めていきます。

❷キャッシュフローの分析をしよう

たとえば次のような条件で、目標とするキャッシュフローが出るかどうかをシミュレーションしてみましょう（キャッシュフローの算出方法についてはQ36〔122ページ〕参照）。

- ・融資条件　フルローン、金利2％
- ・融資期間　残存年数（法定耐用年数ー築年数）
- ・運営条件　稼働率90％（空室損失10％）、経費率25％（固定資産税・都市計画税含む）

私の場合、右の条件でキャッシュフローを算出し、投資可否を次のように考えます。なお、投資効率を評価するにあたって、比較しやすいように1億円換算で検討します（1億

[図表2◆3] 積算価格を算出してみる

[土地]

土地の価格＝路線価×地積（土地の面積）

※路線価は、国税庁の「財産評価基準書 路線価図・評価倍率表」（http://www.rosenka.nta.go.jp/）で調べることができる

[建物]

$$\text{建物の価格} = \frac{\text{再調達価格} \times \text{延床面積} \times \text{残存年数}}{\text{法定耐用年数}}$$

※再調達価格：建物を新たに建築する場合に要する費用。構造によって単価が異なる（RC造：19万円／㎡、S造：16万円／㎡、木造：13万円／㎡ほど）

円あたり○○○万円／年）。

・３００万円／年 以上……Excellent（超優良）
・２５０万円／年 以上……Good（優良）
・２００万円／年 以上……Passable（可）
・２００万円／年 未満……Bad（不可）

私は、**１億円換算で最低でも２００万円／年のキャッシュフロー**がほしいと思っています。「それ以上であれば投資可」「それ未満であれば投資不可」という基準で購入の可否を決めています。

私が最初に購入したのは、「ＲＣ造・築24年・価格５６００万円・利回り14・１％」の物件（28ページで通帳を公開しています）でした。これを右の条件に当てはめて試算すると、１億円あたり３８４万円／年（超優良）となり、迷うことなく購入しました。

次ページの【図表２◆４】で、私が物件評価をする際に使用しているキャッシュフローの分析シートを紹介します。

読者のみなさんには、特別にこのエクセルデータをプレゼントします。ご希望の方は次ページのＵＲＬからダウンロードしてください。

[図表2◆4] 収益不動産キャッシュフロー分析シート

物件概要	物件名称／査定日	○○レジデンス	2013年11月1日
	躯体構造／法定耐用年数	RC/SRC造	47年
	築年数	1990年2月	1990年2月
		築24年	(残存23年)
	容積率		200%
	物件価格		56,000,000円(売値)
		0%(指値率)	56,000,000円(指値)

積算価格	土地面積	84.10坪	278.00㎡
	路線価(単価)		@80,000円/㎡
	土地価格		22,200,000円
	建物延床面積		485.00㎡
	建築費(単価)		@190,000円/㎡
	遵法性チェック(判定)	(使用容積率174%)	O.K.
	建物価格		45,100,000円
	(参考：解体費)	@70,000円/坪	(10,300,000円)
	積算価格（土地+建物）		67,300,000円

キャッシュフロー分析	家賃収入(満室ベース)		656,000円/月	7,872,000円/年
	表面利回り			14.1%
	購入諸費用7%(自己資金)			3,920,000円
	融資金額		フルローン	56,000,000円
	通常時	貸出金利		1.7%
		融資期間	0年（調整）	23年
		返済金額(判定)	(返済比率38%) ◎	2,962,102円
		Stress 10% 収入	稼働率90%として	7,084,800円
		経費率25%		1,968,000円
		満室時CF		2,941,898円
		Stress 10% CF		2,150,000円
	出資利回り			54.8%
	投資効率評価(per.1億円)		3,840,000円	Excellent
	上昇時	リスク金利		4.5%
		返済金額(判定)	(返済比率50%) △	3,958,220円
		満室時CF		1,945,780円
		Stress 10% CF	稼働率90%として	1,160,000円

「収益不動産キャッシュフロー分析シート」(Excelファイル)は、以下のURLからダウンロードできる

https://t.tykz.net/real-estate

シートの「色マーカー部分」を入力すると、自動的にさまざまな分析ができるようになっている

Question 26

実際に建物を見るときのポイントを教えてください

［質問頻度］★★★★☆
［重要度］★☆☆☆☆

A

物件調査では、「建物の外観」「室内の状態」「設備」「入居偽装」という4つのポイントを押さえておきましょう。

前項の評価（「積算価格の算出」と「キャッシュフローの分析」）で投資対象になることが判明したら、**実際に物件所在地まで出向き、物件調査**をします。

建物は目視のみのため、完全な調査はできません。ある程度の割り切りが必要です。

物件調査をするにあたって、留意したいのは次のような点です。

調査のポイント

❶「建物の外観」をチェックする

建物の躯体に問題がないか、目視で判断します。**建物が傾いていないか、外壁に大きなクラック（亀裂やひび割れ）がないか**などを、ざっくりとチェックします。

ただし、不動産鑑定士の資格をもつ私でも、建物については詳細にチェックすることはできません。

調査のポイント

❷可能なら「室内の状態」をチェックする

仲介業者が同行する場合など、内覧が可能なら、間取りや室内の状態を確認しておきます。ただし、内覧できない場合が多いので、必須ではありません。

調査のポイント

❸給湯器や室外機などの「設備」をチェックする

共用部分から確認できるガス給湯器、エアコン室外機などに製造年月日が記載されている場合があるので、確認しておきます。耐用年数は10年ほどですから、交換時期（費用発生時期）が推定できます。

調査のポイント

❹「入居偽装」がないかをチェックする

不動産業者から入手した「レントロール」をもとに、入居偽装がないか確認します（Q23の❷〔86ページ〕参照）。

電気メーターが動いているか、窓にカーテンがかかっているか、ベランダに洗濯物があるか、生活感があるかなどをチェックします。

しかし、入居偽装のために電力会社と契約して電気メーターを回したり、カーテンを設置したりする売主や業者も存在するため、見破るのが困難な場合もあります。

Question 27

現地調査でいちばん大切なことは何ですか？

［質問頻度］★★★☆☆
［重要度］★★★★★

A

現地調査で最も力を入れるべきことは、地元業者へのヒアリングです。

現地に出向くときは、必ず地元の不動産業者を訪ねて、ヒアリングを行いましょう。

事前にヒアリングする業者の目星をつけておくと、効率よく回ることができます。3～4社回ることができれば十分でしょう。

現地では、前項の物件調査と業者ヒアリングを実施することになりますが、私は**「物件調査2：業者ヒアリング8」**の割合で時間を割いています。**投資判断においては、業者ヒアリングの結果を最重要視**します。

「いきなり業者訪問をして、業者から嫌がられませんか？」と聞かれることがあります。まれに煙たがられることもありますが、ほとんどの業者は快く対応してくれます。

快く迎えてもらうためにはコツがあります。それは**「将来の顧客だと思わせること」**です。

具体的には、「○○町の○○マンションの購入を考えています。購入後、御社に管理と客付けをお願いした場合、どういった条件、どれくらいの期間で満室になるか、うかがいたいのですが……」などと切り出せば、相手も無下にはできません。

現地の不動産業者からヒアリングすべきことは、主に次の4つです。

実際に見て回るだけではわからない、現地の業者にしかわからない情報があります。それらをうまく聞き出すことが肝心です。

ヒアリングのポイント

❶「そのエリアならではの特徴や状況」を聞き出す

対象物件のあるエリアの特徴や賃貸需要、賃借人の特徴などを聞き出します。

地図を見たり、現地を実際に見て回ったりしただけでは気づけない事実が判明することがあります。

ヒアリングのポイント

❷「満室にするための条件」を聞き出す

適正家賃（賃料・共益費）、敷金・礼金などの初期費用の設定、広告料・キックバックの相場などについて聞き出します。

ちなみに、広告料は入居者を決めてくれた不動産会社にオーナーが払う謝礼のこと、キックバックは入居者を決めてくれた営業マン個人に直接払う謝礼のことをいいます。

ヒアリングのポイント

❸「競合する物件の状況」を聞き出す

立地・築年・間取りが類似する**競合物件の稼働率や募集条件**を聞き出します。

ヒアリングのポイント

❹「対象物件のネガティブな情報」を聞き出す

自殺・事件の有無、反社会的勢力の入居の有無など、ネガティブな情報を聞き出します。

前述したように、自殺などについては程度問題で検討しますが、反社会的勢力の入居の事実が判明した場合は、即対象外とします。

［物件の良し悪しを見抜く！］のまとめ

- ☑ 物件選びの最重要ポイントは、「満室経営」ができる物件であることと、金融機関から「融資を受けられる」エリアであること。
- ☑ 物件評価は「積算価格の算出」と「キャッシュフローの分析」によって行う。
- ☑ 物件調査では、「建物の外観」「室内の状態」「設備」「入居偽装」という4つのポイントを押さえておく。
- ☑ 現地調査で最も力を入れるべきことは、地元業者へのヒアリング。現地の業者にしかわからない情報をうまく聞き出す。

買付け・契約前に肝心なこと

Question 28

買付証明書を提出したら、必ず買わなければいけないのでしょうか?

A

買付証明書を提出したからといって、買わなければいけない義務は生じません。ただし、軽視すると信用を失います。

[質問頻度]
★★★☆☆
[重要度]
★☆☆☆☆

投資する物件が決まったら、**不動産業者を介して売主に「買付証明書」を提出**します。

買付証明書は、物件を購入すると決めた人が「この金額で買います」という意思表示を売主に示すための文書です。

しかし、**契約書ではないため、当事者を拘束する法的効力はありません**。そのため、自己都合で買付けを流してしまっても（白紙撤回）、債務不履行による損害賠償などの法的責任を負うことはありません。

しかし、この「買付証明書」や、仲介業者に提出する「取り纏め依頼書」についてのトラブルをよく耳にします。

法的拘束力がないことをいいことに「とりあえず、物件を押さえるために買付けを入れておくか」くらいの軽い気持ちで買付証明書を提出する買主（投資家）が多いためです。

売主や仲介業者によっては、**買主が考える以上に買付証明書の意義を重んじる**ことがあります。そうした場合、買付証明書の提出後に自己都合で買付けを流してしまうと、**「信用」を失う**ことになってしまいます。

買付けを流したあと、「また、物件を紹介してください」と頼んでも、その業者から今後物件を紹介してもらえることはないでしょう。「いい加減なこの人とは二度と関わりをもたないようにしよう」と思われても、しかたないのです。

買付証明書には法的拘束力はありませんが、このようなリスクがあることを踏まえたうえで、購入の意思表示をしてほしいと思います。

Question 29

買付けを何度も入れていますが、一番手になれません

[質問頻度]
★★★★★
[重要度]
★★☆☆☆

A

買付けは先着順とはかぎりません。「買える客」と認識されていない可能性があり、強力なライバルがいれば、そちらが優先されるのが現実です。

条件のいい物件には、同じようにその物件をねらっているライバルがいるものです。

原則、買付証明書を入れた順に一番手、二番手……となり、一番手のほうが交渉が有利になるとされています。

しかし、複数の買付証明書が競合した場合、売主や仲介業者の立場に立ってみれば、**先着順よりも「確実に買える客」を優先交渉先としたい**のは当然です。

建前は先着順かもしれませんが、実情はブラックボックスです。早めに買付けを入れても一番手になれないのは、「確実に買える客」が一番手になっているからでしょう。なかには先着順に交渉してくれる律儀な不動産業者もありますが、そのほうがまれであると考えたほうがいいでしょう。

売主からとくに買主候補として優遇されるのは、次のような場合です。

・現金購入…………融資を利用せずに、現金で購入する
・融資特約なし……融資不可の場合でも白紙撤回ができない（買主に違約金が発生）
・買い上がり………売主の売買希望価格に上乗せした価格を提示する

買付証明書を提出しても、売主・業者から返答がない場合、こういった**強力なライバルがほかにいる**、あるいは**売主がより条件のいい買主の出現を待っている状態である**と想像できます。

かくいう私も、これまで星の数ほどの買付証明書を提出してきましたが、強力なライバルの存在に、何度も涙を呑んできました。

購入までの過程は、そう簡単なものではありません。

目星をつけた100件の物件概要書にじっくり目を通して、その中の1件に買付証明書を入れ、買付けが通って購入に至るのはその中の1割ほど、といったイメージです。

購入に至るのは1000件中1件（0・1％）という驚愕の確率なのです。**優良な物件であるほど激戦を極める**ため、当然といえば当然かもしれません。

裏を返せば、**競争のない誰でも買えるような物件を購入するようでは、儲けるどころか損をする可能性が大きい**といえるでしょう。

Question 30

手付金はどれくらい用意すればいいですか？

［質問頻度］★★★☆☆
［重要度］★★☆☆☆

A

とくに決まりはありませんが、売買価格の5～10%が手付金の目安です。物件によっては、多少のかけ引きをするといいでしょう。

収益物件を購入する際の手付金の額は、売買契約の都度、売主と交渉することになります。**価格の5～10%程度**が多いと思います。

手付金には「解約手付」「違約手付」「証約手付」の3種類があり、不動産の売買契約時に支払う手付金は**「解約手付」**とされることが多いです。

解約手付は、**契約後に理由の如何を問わず、解約できる手付**です。

相手方が履行に着手するまでは、

- **買主が手付金を放棄**（手付流し）**する**
- **売主が手付金の2倍の額を返却**（手付倍返し）**する**

ことで、契約を解除できます。

売買価格の5～10％程度といっても、5000万円なら250万～500万円を準備しなければなりません。

一般的に、「手付金は少ないほどいい」と考えがちです。しかし、先ほど説明した「解約手付」のルールを踏まえると、そうともいえません。

手付金が少なすぎると、売買契約締結後により高い価格を提示する第三者があらわれた場合、売主は2倍の解約手付を支払ってでも第三者に売ったほうが得という状況が想定できます。

私の場合、**どうしても手に入れたい物件は多めに手付金を入れる、こちらの都合で契約解除する可能性がある場合はできるだけ少なく支払う**といったかけ引きをしています。

Question 31

融資特約をつけるときの注意点を教えてください

［質問頻度］★★★☆☆
［重要度］★★★☆☆

A

「融資の申込先」「融資金額」「融資未承認の場合の契約解除期限」の3つを明確にしておくことが肝心です。

「融資特約（ローン特約）」とは、予定していた融資が金融機関から承認されなかった場合、**買主は不動産を購入する契約を解除して、白紙に戻すことができる**という約束です。

融資特約を利用する際は、**売買契約締結時に条件を明確にしておく**ことが大切です。

❶融資の申込先……〇〇銀行
❷融資金額……〇〇〇〇万円
❸融資未承認の場合の契約解除期限……〇〇年〇月〇日

❶〜❸について、仲介業者に条件を伝え、その内容が売買契約書に反映・明記されているか確認してください。

私はこの融資特約で、苦い経験をしました。仲介業者のミスで、❶の融資の申込先の記入が漏れていたのです。

申込先の銀行から満額融資NGの回答が出たため、「融資特約で白紙撤回させてもらおう」と売主に交渉したのですが、回答は次のようなものでした。

「融資の申込先は記載されていないのだから、金融機関はどこでもいいはず。融資の申込先はその銀行だけじゃない。ほかの高金利の地方銀行やノンバンクなら融資してくれるはずだから、そこに持ち込んで融資を受けてほしい。融資特約による白紙撤回は認めない」

　このとき手付金を300万円ほど入れていましたので、融資特約を使えないとなると、手付流ししかありません。しかし、当時の私にとって300万円は、とてもあきらめきれるような金額ではなかったのです。

　遠方の売主のもとへ何度か通い、誠心誠意の謝罪を続けて、何とか手付金を返還してもらうことができました。**たった1語「○○銀行」と契約書に記載しておけば、回避できたトラブル**です。

Question 32
価格交渉がうまくいきません。何かいい方法はありませんか？

[質問頻度]★★★☆☆
[重要度]★★☆☆☆

A

価格交渉が難航しそうなときは、指値の根拠として、金融機関の事情を利用してかけ引きしてみましょう。

　売主は「高く売りたい」、買主は「安く買いたい」と考えていますから、なかなか価格が折り合わないことがあります。

私がよく使う指値（買主が価格を指定すること）の交渉手段は、「金融機関を理由にする」というものです。**買主からの根拠のない指値には応じたくないというのが売主の心情**でしょうから、**第三者である金融機関の事情を理由にしてしまう**のです。

たとえば、売主の希望価格が5000万円であった場合、**「〇〇銀行の担保評価額は4500万円でした。これでは満額融資がつかず、購入が難しくなるので、差額の500万円をまけてもらえませんか？」**といった具合に指値をします。

私はこの交渉方法で、指値で購入に至ったことが何度かあります。

しかし、この交渉方法は相対取引（市場を介さずに当事者同士で売買を行う取引）のときに有効なものです。売主が強気なケース（いくつもの買付けが殺到しているような物件）では通用しませんので、注意してください。

［買付け・契約前に肝心なこと］のまとめ

- 買付証明書を提出したからといって、買わなければいけないという義務は生じないが、軽視すると信用を失う。
- 買付けは先着順とはかぎらない。「買える客」と認識されていない可能性があり、強力なライバルがいれば、そちらが優先されるのが現実。
- 手付金の金額にとくに決まりはないが、売買価格の5～10％が目安。物件によっては、多少のかけ引きをするといい。
- 融資特約をつける際は、「融資の申込先」「融資金額」「融資未承認の場合の契約解除期限」の3つを明確にしておくことが肝心。
- 価格交渉がうまくいかないときは、指値の根拠として、金融機関の事情を利用してかけ引きしてみる。

法人で不動産投資をする

Question 33
法人ではじめたほうがいいと聞きますが、なぜですか？

［質問頻度］★★★★☆
［重要度］★★☆☆☆

A
法人には節税をはじめ、さまざまなメリットがあるからです。真剣にはじめるなら、1棟目から法人化することをおすすめします。

「最初は個人ではじめて、規模が大きくなってきたら法人にシフトせよ」という人もいますが、私は**最初の1棟目から法人で購入すべき**だと思っています。

法人で不動産投資を実践することをおすすめする主な理由は、次の3つです。

利点
❶節税上のメリットが大きい

本項の後半で解説しますが、「経費の幅が広がる」「役員になった家族に報酬を支払える」など、**個人にはない税金の優遇措置**があります。

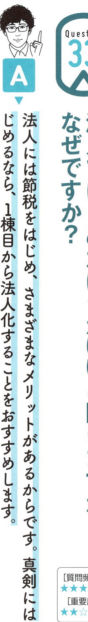

利点

❷新設法人でも融資は受けられる

事業実績のない新設法人が融資を受けられるのか、心配する人もいるでしょう。

結論からいえば、新設の資産管理法人でも、融資を受けることは可能です。

ただし、金融機関の中には、**新設法人を個人の資産管理会社として位置づけ、あくまで個人と法人とを一体として審査する**ところもあります。したがって、個人属性などに問題があると、融資が難しくなるケースもあります。

新設法人で融資を受けたい場合は、まずは法人で融資が受けられるかどうか、事前に金融機関に確認します。個人への融資にくらべると、金利が上がったり、融資金額が減額されたり、融資期間が短縮されたりすることが往々にしてあります。

一方、不動産賃貸事業を数期にわたってうまく経営できれば、**事業実績を金融機関に示すことで追加融資が受けやすくなります**。

事業を拡大していくためには、個人よりも断然、法人が適していると考えられます。

利点

❸覚悟を決められる

法人を設立するとなると、当然ながら設立費用およびその後の維持費用がかかります。毎年決算をしなければいけませんので、顧問税理士に支払う報酬もバカになりません。

私は、絶対に法人で不動産投資をはじめることをおすすめしますが、新設法人で不動産投資をはじめるということには、**こういった費用を払ってまで不動産投資をする（成功する）という「覚悟」が必要**です。

設立費用や維持費用がかかるものの、法人には有利な制度がいろいろあります。

続いて法人化のメリットを8つ紹介しますが、節税にからむ税務関連のものが多いので、一度税理士などの専門家に相談することをおすすめします。

メリット

❶経費として計上できる幅が広い

個人とくらべ、経費として計上できる幅が広くなります。

とくに**人件費を計上できるのが最大のメリット**でしょう。配偶者などの家族を役員にして、何らかの仕事をしてもらえば、役員報酬を支払うことができます。

メリット

❷実質的に連帯保証人なしで融資を受けられる

法人の代表者（自分自身）が連帯保証人になるため、配偶者を連帯保証人にする必要がありません（Q54の❷〔166ページ〕）。

メリット

❸役員に退職金を支払える

代表者や家族役員に対して、退職金を支払うことができます（原則、全額損金）。

メリット

❹保険料を経費にできる

個人では、生命保険や医療保険などの保険に複数加入しても、経費（生命保険料控除額）にできるのは年間で最大12万円です。それに対して、**法人であれば保険の経費化に上限はありません**。節税効果の高い法人保険に加入することもできます。

メリット

❺赤字を長期間繰り越せる

9年間の赤字（欠損金）繰り越しが可能となります。

メリット

❻出張手当（日当）を支払うことができる

「出張旅費規程」を作成しておけば、規程の宿泊手当や出張手当（日当）を経費にすることが可能です。

メリット

❼経営セーフティ共済（中小企業倒産防止共済制度）に加入できる

払い込んだ掛金は税法上、全額損金にできます。

メリット

❽消費税還付を受けられる可能性がある

法人でアパートやマンションを購入した場合、「建物」に含まれる消費税を還付してもらうことが可能になる場合があります。

たとえば、新築・中古を問わず、建物価格が1億8000万円であった場合、これに含まれる8％の消費税分（800万円）の全部または一部を、所定の手続きを踏むことによって戻してもらえる可能性があります。

Question 34

法人化するなら、株式会社がいいのでしょうか？

［質問頻度］★★☆☆☆
［重要度］★☆☆☆☆

A

株式会社である必要はありません。低コストの「合同会社」をおすすめします。

不動産投資での資産管理法人は、**設立費用および維持費用の安い「合同会社」で十分**です。

2006年に会社法が施行され、経済活性化のため会社形態がより自由になりました。

合同会社はその際に誕生した新しい形の会社です。
株式会社と比較した場合の合同会社のメリットとデメリットをまとめてみます。

◆合同会社のメリット（低コストでできる）

最大のメリットは、何といってもコスト面です。

・株式会社を設立……登録免許税**15万円**、定款認証費**5万円**
・合同会社を設立……登録免許税**6万円**、定款認証費**0円**（不要）

また、株式会社には決算公告義務があるため**官報掲載費（年間約6万円）**がかかりますが、合同会社にはこの義務がないのでこれも不要です。

ひと昔前は、株式会社でないと融資しないという金融機関もあったようですが、いまは**合同会社でも融資してくれる金融機関がほとんど**です。一般的な認知度はまだ高いとはいえませんが、合同会社の存在・仕組みを知らない金融機関はありません。

◆合同会社のデメリット（知名度が低い）

株式会社とくらべると社会的認知度が低いため、信用度を低く見られてしまうことがあります。

アップルジャパンや西友などの有名企業も合同会社ですが、合同会社の社会的認知度が上がるまでには、もう少し時間がかかりそうです。なお、合同会社は上場できません。

コスト面で優位にある合同会社ですが、次のような見落としがちな費用等があるので、注意してください。

- 赤字経営であっても、**法人住民税の均等割7万円**がかかる
- 法人税の申告が複雑なため、税理士などに依頼する費用がかかる
- 議決権が資本金額に比例しないため、意思決定が分散する可能性がある
- 社会保険などの加入義務がある

Question 35

合同会社のつくり方を教えてください

［質問頻度］★★☆☆☆
［重要度］★☆☆☆☆

A ▼

合同会社の設立は、決して難しくありません。インターネットの設立支援サイトを利用すれば、必要書類が簡単に作成できます。

忙しい会社員でも簡単にでき、会社設立の勉強にもなるので、ぜひ自分でやってみることをおすすめします。

申請費用は次のとおりです。

- ・**登録免許税……6万円**
- ・**定款印紙代……4万円**（電子定款の場合は不要）
- ・**印鑑製作費……1万円前後**
- ・**設立支援サイト利用料……数千円**（電子定款作成費含む）

設立支援サイトを利用して自分で行えば、設立費用は総額8万円ほどで済んでしまいます（登録免許税＋電子定款〔サイト提携の行政書士作成〕＋印鑑製作費＋サイト利用料）。**法務局に足を運ぶことなく**（すべて郵送でのやりとり）、**1週間程度で簡単に会社が設立できます**。

ちなみに、司法書士や行政書士などの専門家に合同会社の設立を依頼すると、総額で15万円ほどかかります（登録免許税＋報酬＋雑費等）。

［法人で不動産投資をする］のまとめ

☑ 真剣にはじめるなら、１棟目から法人化すること。「経費の幅が広がる」「役員となった家族に報酬を支払える」など、個人にはないさまざまな税金の優遇措置がある。

☑ 法人化する場合、株式会社である必要はない。低コストの「合同会社」で十分。

☑ 合同会社の設立において、インターネットの設立支援サイトを利用すれば、必要書類が簡単に作成できる。

第3章

ここが肝心！お金を借りるための知恵と技術

【融資戦略編】

初心者が知っておくべき基礎知識

Question 36

不動産キャッシュフローって何ですか?

[質問頻度]
★★★☆☆
[重要度]
★★★☆☆

A

キャッシュフローは直訳すると「お金の流れ」ですが、不動産投資の世界では、ローン返済や経費を引いた「手残りのお金」のことを指します。

不動産投資におけるキャッシュフローについて、あらためて説明しておきましょう。

キャッシュフローは直訳すると「お金の流れ」ですが、不動産投資の世界では、**ローン返済や経費を引いた「手残りのお金」**のことを指します。

不動産キャッシュフローの定義・計算方法はさまざまですが、本書では実際のお金の出入りをもとに、次のように計算します。

キャッシュフロー＝年間家賃収入－年間ローン返済－運営経費等－空室損失

本来は、ここから所得税などの税金を差し引いて、最終的に手元に残る「税引後キャッシュフロー」を計算するのですが、個人の場合税率が所得によって異なるため、「税引前キャッシュフロー」を指すことが多いです。

Question 37 キャッシュフローが出やすいのは、どんな物件ですか？

［質問頻度］★★★★☆
［重要度］★★★★★

A ▼ 地方所在や築古のマンションなど、資産性は低くとも、割安な物件です。

不動産投資で成功するためには、徹底的にキャッシュフローにこだわる必要があります。

とくに、資金力の乏しい普通の会社員がキャッシュフローの出ない物件を買ってしまうと、不動産投資から一発退場を余儀なくされてしまいます。

誰もがほしがる都心一等地の新築1棟マンションなどは、物件自体が非常に高額です。

つまり、**資産性は高いがキャッシュフローが出にくい物件**ということになります。

キャッシュフローにこだわるためには、**地方所在のマンションや築古のマンションな**

ど、資産性は低くとも、割安で買え、キャッシュフローが出やすい物件を検討していかなければなりません。

キャッシュフローにこだわって物件の購入・運営を継続すれば、自動的に資金が貯まっていきます。「資産性の高い都心の物件をもつのが夢」という場合は、十分な資金を貯めてから、次のステージで理想の不動産投資にチャレンジすることをおすすめします。

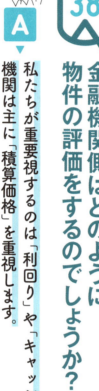

Question 38

金融機関側はどのように物件の評価をするのでしょうか？

［質問頻度］★★★☆☆
［重要度］★★★☆☆

A

私たちが重要視するのは「利回り」や「キャッシュフロー」ですが、金融機関は主に「積算価格」を重視します。

多くの金融機関は、自社内で不動産の担保評価を行います。評価方法はまちまちですが、多くの場合、不動産鑑定評価の考え方をベースに収益物件の担保評価を行います。

不動産鑑定士は、**原価法による「積算価格」**、**取引事例比較法による「比準価格」**、**収益還元法による「収益価格」**の3つを比較考慮して評価額を算出します。この価格のうち多くの金融機関が重視しているのは、**原価法による「積算価格」**です。

したがって、投資家であるみなさんも、金融機関に持ち込む前に、収益物件の積算価格を試算しておかなければなりません（積算価格の求め方についてはQ25〔92ページ〕参照）。

不動産鑑定士が積算価格を求める際は、さまざまな資料やデータをもとに算出しますが、みなさんが試算する際は、簡易的なもので十分です。

メガバンクなどでは「自社ではさばききれない」「第三者意見のほうが稟議を通しやすい」といった理由から、担保評価を外部の不動産鑑定会社に依頼する場合もあります。

私も不動産鑑定会社に勤務していたころ、担保評価を黙々とこなしていた時期がありました。ここからは不動産鑑定士としての裏話です。

金融機関には、**融資に積極的な融資担当者、融資に保守的な審査担当者**という2つの立場があります。

融資担当者からは「保守的に評価しすぎでは？」という指摘が入ったり、審査担当者からは「この物件にここまでの価値があるのか？」という指摘が入ったりします。

同じ金融機関でも、立場によって異なる主義主張があるため、不動産鑑定士が融資担当者と審査担当者の板挟みになることも多いものです。

金融機関に報告する鑑定評価額や評価ロジックについては、担当した不動産鑑定士に説明責任がついて回りますので、担保評価額は保守的になることが多いように思います。

Question 39

住宅ローン、アパートローン、プロパーローンの違いがよくわかりません

[質問頻度]★★★☆☆
[重要度]★☆☆☆☆

A

収益物件を購入する場合は、パッケージ型の「アパートローン」か事業性融資のいわゆる「プロパーローン」を利用することになります。

不動産を買うときに利用できるローンは、「❶住宅ローン」「❷アパートローン」「❸プロパーローン」の3つです。それぞれを簡単に解説します［図表3◆1］。

利用できるローン

❶自分が住む家のための「住宅ローン」

自分が住むためのマンションや戸建を購入するときに利用するローンです。用途が本人の居住に限定されるため、一般的に金利は低水準になっています。

利用できるローン
❷審査が早く借りやすい「アパートローン」

その名前のとおり、アパートやマンションなどの賃貸用不動産の建築・購入等を対象とするパッケージの金融商品です。特徴は、次のような点です。

- 物件評価が定型化されている
- 融資対象エリアが明確になっている
- 資金使途が限定されている
- 住宅ローンよりも融資審査が厳しい

パッケージ化されているため、**審査スピードが圧倒的に速い**のが特徴ですが、金利は割高に設定されることが多くなります。

利用できるローン
❸ハードルは高めだが有利な「プロパーローン」

「プロパーローン」は俗称で、「事業性融資」

[図表3◆1] アパートローンとプロパーローンの比較

	アパートローン	プロパーローン
対象	個人	事業者・法人
特徴	レディメイド型	オーダーメイド型
金利・融資期間	あらかじめ決まっている	財務内容・交渉次第
審査期間	短い	長い
融資限度額	低い	高い

とも呼ばれます。特徴は、次のような点です。

・**不動産投資にかぎらず、多種多様な一般事業のための融資（設備投資・運転資金のための融資等）**
・**融資審査が定型化されておらず、審査期間が長い**

つまり、**事業のための融資審査ルートと同様に、収益物件の審査が行われる**というわけです。

プロパーローンは審査期間が長く、審査過程が見えにくいため、とっつきにくい印象をもつ人も多いと思います。しかし、投資規模を拡大させるなら、**早い段階から融資枠の大きいプロパーローンにチャレンジする**ことをおすすめします。

私の場合、最初の1棟目はアパートローンでしたが、2棟目以降はすべてプロパーローンで資金調達をしています。

［初心者が知っておくべき基礎知識］のまとめ

- ☑ 不動産投資における「キャッシュフロー」とは、ローン返済や経費を引いた「手残りのお金」のことを指す。
- ☑ 一般的に、キャッシュフローが出やすいのは、地方所在や築古のマンションなど、資産性は低くとも、割安な物件。
- ☑ 私たち投資家が重要視するのは「利回り」や「キャッシュフロー」だが、金融機関は「積算価格」を重視する。
- ☑ 収益物件を購入する場合は、パッケージ型の「アパートローン」もしくは事業性融資（いわゆる「プロパーローン」）を利用することになる。

融資の不安を解消する

Question 40

何億円もの借金は怖くないですか？

［質問頻度］★★★★★
［重要度］★★★☆☆

A

①理論で頭の中を整理し、②実際にやってみて理解するというステップで、借金への恐怖がなくなりました。

不動産投資で潤沢なキャッシュフローを得るためには、方法は次の2つしかありません。

❶現金で不動産を購入していく
❷低金利・長期間の融資を組む

とはいえ、❶は現実的ではありませんから、多くの人は❷のように、融資を受けて規模拡大を検討することになります。

一般的な借金といえば、最大でも住宅ローンの3000万～5000万円程度でしょう。しかし不動産投資では融資額が億単位になることもあるため、不安になるのも当然です。

私は臆病な性格なので、当初多額の借金をすることは非常に怖かったものです。

そんな私が、どのようにして借金への恐怖心を克服してきたのかを紹介します。

ステップ

❶まずは「理論」で頭の中を整理した

満室の家賃収入を100とした場合、私は**「ローン返済：40、運営経費等：25、空室損失：5」**くらいで運営することを目標にしています。キャッシュフローは30ほどになるイメージです（実際には30以上で運営できています）。

ここで着目すべきは**「ローン返済：40」の返済原資は何で、誰が支払うか**です。

収益物件の場合、**返済原資は家賃収入であり、間接的にローン返済をしてくれるのは入居者**です。

こう考えると、不動産投資家（経営者）である自分がやるべきことは、**家賃収入を100に近づけ、可能なかぎり経費を削るだけ**です。

私はこのようにキャッシュフローを可視化して頭の中を整理しているため、「多額の借金を抱えている」という心理的な負担はほとんどありません。

ステップ

❷次に「実際にやってみて」理解した

最初に購入したのは、5600万円の地方にある中古RC造1棟マンションでした。

実際に購入するときは、**言葉で表せないほどの不安と恐怖**でいっぱいでした。金融機関と金銭消費貸借契約を締結する前夜は、一睡もできませんでした。

契約当日は銀行に出向いて金銭消費貸借契約書に署名・捺印するのですが、顔面蒼白で手がブルブルと震えていたことをいまでも思い出します。

しかし、物件をうまく運営できるようになってくると、順調にキャッシュフローが貯まり出します。❶で理解していたつもりでしたが、28ページで紹介したように、実際にお金が増えていくさまを見ると、想像以上でした。

「お金がお金を生んでくれる」ことを経験として理解した現在では、**融資が受けられる（借金ができる）ことは信用の証**だと考えており、恐怖はまったくありません。

Question 41

カードローン返済の事故歴がありますが、大丈夫でしょうか？

［質問頻度］★★☆☆☆
［重要度］★★☆☆☆

A

融資を受ける場合は大問題です。ローン返済遅滞などの事故情報（いわゆるブラック）は、融資に深刻な影響をおよぼす可能性があります。

融資を申し込むと、**金融機関は必ずあなたの個人信用情報をチェック**します。個人信用情報とは、金融機関が顧客の返済や支払いの能力を判断するための情報です。

金融機関は「たとえ少額の借り入れだろうと、返済を怠るようでは、大きな金額でも必ず同じことをやる。まったく信用のできない人物である」と評価します。

そのため、不動産投資をはじめるなら、**個人信用情報に細心の注意を払わなければいけません**。

しかし実際には、カードローンなどの少額借り入れについて、甘く考えている人が少なくありません。

少額とはいえ借金は借金です。返済期限は絶対に守らなければなりません。

融資を受けて不動産投資をするなら、住宅ローンの返済、クレジットの引き落とし、カードローンの約定返済を**1円たりとも滞らせてはいけない**のです。

金融機関が参照するクレジットカードやローンの利用状況などの個人信用情報は、国が指定する次の3つの個人信用情報機関によって管理されています。

- **株式会社日本信用情報機構（JICC）**
- **全国銀行個人信用情報センター（KSC）**
- **株式会社シー・アイ・シー（CIC）**

これら個人信用情報機関に返済遅滞や事故情報が載ってしまうと、融資を受ける際の致命傷となります。返済遅滞などの事故情報は5年間保存され、その期間は金融機関から融資を受けることはほぼ不可能です。

不動産投資をはじめる前に、**自分と連帯保証人（配偶者）の個人信用情報を確認**しておきましょう。自分の個人信用情報は、CICなどの個人信用情報機関にアプローチすれば入手できます。

私の知人は、数千円のスマホ料金の未納によって、個人信用情報機関に事故情報が記載されてしまいました。住宅ローンの申し込み時に「少額だし、問題ないだろう」と高をくくっていましたが、融資審査は否決されました。

このように、**わずか数千円でも審査は否決になる**ということを肝に銘じてください。もちろん、不動産投資においても同様です。

Question 42

妻（夫）に猛反対されています。どうすれば説得できますか？

［質問頻度］★★★★☆
［重要度］★★☆☆☆

A

配偶者の意思確認は重要事項です。自分の熱意を行動で示し、不動産投資のメリットを正しく伝えることがポイントです。

不動産投資をはじめる前に、配偶者（連帯保証人）の意思確認をしておきましょう。配偶者に反対されて不動産投資をあきらめる人は、じつはとても多いのです。

配偶者が反対するのは、不動産投資のリスクやデメリットばかりに目がいっているからです。ならば**メリットを伝え、理解してもらう**ことが近道です。

現在、私の妻は不動産投資に一定の理解を示し、連帯保証人にもなってくれています。しかし、**最初からすんなり賛成してくれたわけではありません**。

「不動産投資をはじめたい」と打ち明けたときは、次のようなリアクションでした。

「不動産投資ってあんまりいい噂を聞かないよ？」

「失敗したらどうするの？」

「人様に貸す不動産を買う前に、マイホームがほしいんだけど」

などと、矢継ぎ早にいわれたのです。

当時の私は、黙々と物件資料を集めたり、休みの日に物件調査に出かけたり、金融機関の開拓をしたりしていました。そういった姿を見せることで、妻に**本気度をアピールしつづけた**のです。妻は「夫は熱病におかされただけ。放っておけば熱も冷めるだろう」くらいに思っていたに違いありません。

しかし、私は行動しつづけました。

すると、妻の態度が少しずつ変わってきたのです。一緒に物件概要書を見てくれるようになり、物件調査に同行してくれるようになり、連帯保証人の印鑑を押してくれるようになりました。

少々時間はかかりましたが、妻が理解してくれたのは、**真摯な態度を積み重ねたから**だと思います。本気度や熱意によって、反対者が理解者に変わってくれるように思います。

また、私たちは常日頃、成功してお金と時間に余裕ができたら「何がほしい？」「どこに旅行に行きたい？」「どんな家に住みたい？」という夢を語り合っていました。**メリットを理解してもらうのはもちろん、同じ夢をもつことも大切**だと思います。

Question 43

マイホームは不動産投資の足かせになるって本当ですか？

［質問頻度］★★★★☆
［重要度］★★★☆☆

A

マイホームの購入は控えておいたほうがいいでしょう。住宅ローンの残債が多いと、融資を受ける際に不利になります。

金融機関は、マイホームを次のように評価します。

- ◎……残債のないマイホーム
- ○……担保評価額＞残債額
- △……担保評価額≒残債額
- ×……担保評価額＜残債額

不動産投資をはじめようと考えているなら、マイホームの購入額や購入時期は慎重に考えましょう。

金融機関は、**融資申込者が所有する不動産をすべて担保評価し、総合的に判断したうえで融資の可否を決めます**。自己使用のためのマイホームであろうと、投資目的の収益物件であろうと、同様に考えるのです。

親から相続した家など、残債がまったくないマイホームであれば問題ありませんが（むしろ強みになります）、多額の残債がある新築戸建や区分マンションを所有していると、不動産投資の足を引っ張ることになりかねません。**新築戸建や区分マンションは担保評価額（積算価格）が出にくい**ことがその理由です。

たとえば、5000万円で購入した新築マンションでも、金融機関の担保評価額（積算価格）はその半分の2500万円といったことが往々にしてあります。

差額の2500万円分が債務超過となるので、これを補填する金融資産や別の担保不動産を提示できないかぎり、不動産投資への融資は難しくなります。

かくいう私も、妻から「不動産投資の前にマイホームがほしい」といわれました。しかし、住宅ローンを組めば金融機関からの評価が下がるのは明らかでしたので、妻を説得してマイホームはあと回しにしてもらっています。

つまり、**自己のもつ与信（融資枠）をどこに振り分けるか**という問題なのです。

当時の私は一般的な会社員でしたから、それほど大きな与信をもてるとは思っていませんでした。不動産投資をしたいのに、この決して大きくない与信を住宅ローンに振り分けてはもったいないと考えたのです。

振り返ってみると、この選択は間違っていなかったように思います。

私は不動産投資家として、**お金を生まないマイホームは買わない（住宅ローンを組まない）**というスタンスを貫いてきました。そういったスタンスを、金融機関側も評価してくれていたように思います。

結局、私はマイホームを買うことなく、これまでずっと賃貸派です。

自分のライフステージに合った住まいを選択していけるのも、賃貸の面白みのひとつだと思っています。

［融資の不安を解消する］のまとめ

☑ 借金への恐怖は、❶理論で頭の中を整理し、❷実際にやってみて理解するというステップで解消する。

☑ ローンの返済遅滞などの金融事故歴があると、融資に深刻な影響をおよぼす可能性がある。

☑ 配偶者（妻・夫）に反対された場合は、自分の熱意を行動で示し、不動産投資のメリットを正しく伝えることがポイント。

☑ マイホーム購入前なら、購入は控えておいたほうがいい。住宅ローンの残債が多いと、融資を受ける際に不利になる。

いまさら聞けない金利の疑問

Question 44

金利上昇リスクについては、どう考えていますか？

［質問頻度］★★★★☆
［重要度］★★☆☆☆

A

大幅に金利が上昇する可能性は低いと予測していますが、設定したリスク金利まで上昇しても返済可能な物件を選びましょう。

金利は、主に資金の需要と供給のバランスによって決まります。

お金の量が一定であれば、お金を借りたい人が多いとき（＝需要が高いとき）に金利は上がり、少ないとき（＝需要が低いとき）に下がります。

この需給バランスが変化する要因には、**景気、物価、為替相場**などがあります。

私は過去の金利推移などから、**今後金利が大幅に上昇する可能性は低い**と考えています。

ただし、そうはいっても金利が上昇するリスクはゼロではありません。

私の場合、**通常の変動金利を1・5%、リスク金利を4・5%として試算し、リスク金**

利まで上昇しても返済可能な不動産を購入することにしています（Q25の［図表2◆4］（95ページ」参照）。

Question 45

変動金利と固定金利、どちらを選ぶべきですか？

［質問頻度］★★★☆☆
［重要度］★★☆☆☆

A ▼ **大幅な金利上昇リスクはないと考えるなら、変動金利をおすすめします。**

私は最初の1棟を購入する際、「固定金利のほうが安心だろう」と、深く考えずに10年の固定金利を選択しました。

いまではこの選択を猛省しています。その理由は次の2つです。

固定金利の欠点

❶「固定」は金利が割高

固定金利は、変動金利にくらべて割高です。金融機関側が金利上昇のリスクをとっているので、どうしても固定金利のほうが高くなります。

最初の1棟を購入する際、金融機関から提示された金利条件は、変動金利0・7％、10年固定金利1・7％でした。

結果、変動金利はほとんど上昇していないため、固定金利を選択した私は、差額である1％分の金利をムダに支払っていたことになります。

固定金利の欠点
❷条件変更には「手数料」がかかる

一部繰上返済、全額繰上返済、その他借入条件の変更には、所定の「手数料（違約金）」が必要になります。

この10年固定金利のローンを、ほかの金融機関で借り換えようとしたのですが、数百万円の手数料がかかることが判明して、あきらめたことがあります。

金利についてはいろいろな考え方があると思いますが、私の場合は、今後大幅な金利上昇の可能性は低いと考えているため、最近では**迷うことなく変動金利を選択**しています。

［いまさら聞けない金利の疑問］のまとめ

- ☑ 金利上昇リスクに備えて、設定したリスク金利まで上昇しても返済可能な物件を選ぶ。
- ☑ 変動金利か固定金利かを選択する際、今後大幅な金利上昇リスクはないと考えるなら、変動金利がおすすめ。

いよいよ金融機関にアプローチ！

Question 46

金融機関にアプローチするのって、なんだか気が引けませんか？

A

最初のうちは誰でも気後れするものですが、アプローチすることに慣れてしまえば、たとえ断られても気にならなくなります。

［質問頻度］★★★★★
［重要度］★★★☆☆

金融機関にアプローチする際、「電話をするのも気が引ける」「何をどう話せばいいのかわからない」「過去に門前払いされたのがトラウマになった」というのをよく耳にします。

しかし、金融機関へのアプローチなしに、不動産投資のスタートを切ることはできません。そして、勇気を振り絞って金融機関に案件を持ち込んで融資相談をするものの、そのほとんどから断られることになります（おそらく、みなさんも経験されると思います）。

断られつづけると心が折れることもありますが、気にしないことです。

金融機関から断られることも不動産投資家としての仕事のうち、もしくは勲章と割り切

［いよいよ金融機関にアプローチ！］

ってしまいましょう。

いまでこそ、新規の金融機関にも躊躇なくアプローチできるようになった私ですが、不動産投資をはじめたころは、電話をかけることさえ気後れしていました。

当時の私のイメージは「銀行は口座を開設するとき、ＡＴＭでお金を下ろすときに行くところ」というものでした。住宅ローンも組んだことのない私は、お金を借りるためにアプローチしなければいけないところなどとは、考えたこともなかったのです。

勇気を振り絞って、スタートから2ヵ月ほどで金融機関30以上、支店ベースで１００以上にアプローチしました。

「相手も自分と同じサラリーマンなんだ。ひるむ必要はまったくない！」と自分にいい聞かせながら、片っ端から金融機関にアプローチしていきました。

投資を開始してから今日まで、60機関以上、３００支店以上にアプローチしています。メガバンク、地方銀行、政府系金融機関、信用金庫、信用組合、ノンバンクなど、対象はさまざまです。

臆病で面倒くさがりな私でも、金融機関の開拓ができました。

過去の私のように金融機関へのアプローチに気後れしている人がいるなら、勇気を出して一歩を踏み出してみてください。**慣れてしまえば、なんてことはない**のです。

Question 47

どうやって金融機関にアプローチすればいいですか？

［質問頻度］★★★★☆
［重要度］★★★☆☆

A

他者からの紹介があれば有利ですが、なければ自分で直接アプローチするしかありません。まずは臆せず、電話をかけてみましょう。

まずは私の実体験を踏まえた、金融機関へのアプローチ方法を紹介します。

金融機関へのアプローチ

❶他者からの紹介ルートがある場合……→紹介してもらう

実績のある不動産会社や、親戚、友人、知人、投資家仲間に紹介してもらい、金融機関にアプローチする方法です。

紹介があれば、話がスムーズです。

間接的に紹介者の信用力を借りることができるため、**最初から然るべき立場の人（支店長や融資課長など）が応対してくれる**こともあります。

稟議書の一部に「○○様からのご紹介」などと記載される場合もあるため、金融機関に紹介してくれる知人がいるなら、紹介ルートでアプローチしたほうが有利です。

［いよいよ金融機関にアプローチ！］

❷紹介ルートがない場合……→自分で直接アプローチする

紹介ルートがない場合、自分で直接アプローチします。

方法は、**金融機関の支店に電話して、案件の融資審査を依頼する**だけです。

ただし、金融機関の基本的な姿勢は**「一見さんお断り」**です。

とくに地方銀行は縁や過去の関係性を重視するため、この傾向が強いです。電話をすると「当行とお取引はありますか？」と聞かれ、地縁や取引がないと答えると、その時点で断られることがほとんどです。

しかし、金融機関は星の数ほどあります。**断られたら別の金融機関や別の支店にアプローチすればいい**だけのことです。

私のメインバンクは某地方銀行ですが、直接アプローチした一本の電話からはじまりました。現在では、この地方銀行から数億円を融資してもらうまでに至っています。

不動産投資は「金融機関ありき」のビジネスです。

「どのように金融機関にアプローチし、どのように融資を獲得するか」という戦略の立案は、不動産投資家の重要な仕事のひとつであると心してください。

次に、私が実践してきた金融機関への効率的な3つのアプローチ手順を紹介します。

アプローチ手順

❶縁のない支店に電話する……→関係性を演出する

先に説明したように、金融機関にアプローチする際は、何らかの縁があればベターです。実際に縁があれば問題ないのですが、ない場合は**何らかの縁をつくって（演出して）電話**をします。具体的には、次のような金融機関の支店にアプローチします。

- ・居住地最寄りの支店
- ・勤務地最寄りの支店
- ・物件所在地の最寄りの支店

居住地および勤務地最寄りの支店であれば、すでに地縁があるため、話を聞いてもらえる可能性が高いでしょう。

検討物件の所在地の最寄りの支店でも、話を聞いてもらえる可能性は大いにあると思います。

アプローチ手順

❷誰に話をすればいいか……→相談すべきは「融資担当者」

支店に電話をかけた際、当然ながら誰が出るかはわかりません。

Q38（124ページ）で述べたように、金融機関には「融資担当」と「審査担当」という2種類の立場の人がいます。

電話で話す相手が「融資担当」であれば問題ないですが、融資にネガティブな「審査担当」であれば、話が進みにくくなるケースが少なくありません。

したがって、支店に電話する際は、あらかじめ**「収益物件の購入を検討しているので、融資担当の方をお願いします」**と伝えて、融資担当者と話すようにしましょう。

アプローチ手順

❸面談を要請されたら……→不要な面談は回避

融資担当者と電話で話したあと、面談を要請されることがあります。

「面談に呼ばれるということは、融資に積極的な支店かもしれない」と考えて、面談に赴く人もいるでしょう。

かくいう私も、以前は「金融機関からの面談要請には必ず応えなければ」という思い込みをもっていました。要請があるたびに、休暇や半休を取得して面談に出向きました。

しかし、いきなり面談に呼び出された金融機関とは、ほとんど取引に至っていません。実際の面談では「当行は不動産に融資していません」「頭金を3割入れていただくことが前提です」などといわれ、徒労に終わったことが多々あります。

このようなムダを省くためには、**やみくもに面談にのぞむのではなく、事前に電話で融資基準や融資姿勢をヒアリングし、前向きな金融機関（または支店）に絞る**ことをおすすめします。不動産融資にネガティブな金融機関への訪問は、時間のムダだと考えましょう。

［いよいよ金融機関にアプローチ！］のまとめ

- ☑ アプローチすることに慣れてしまえば、たとえ断られても気にならなくなる。
- ☑ 他者からの紹介があれば有利だが、なければ自分で直接アプローチする。まずは電話をかけてみることから。
- ☑ 「何らかの縁をつくって金融機関にアプローチする」「融資担当者に電話に出てもらう」といった工夫で、話を聞いてもらえる可能性がアップする。

アプローチの素朴な疑問

Question 48

どんな資料を準備すればいいですか？

[質問頻度]
★★★☆☆
[重要度]
★★★☆☆

A

「物件資料」「融資評価依頼書」「本人確認資料」など、事実にもとづく資料を過不足なく準備しましょう。

私が金融機関に融資依頼するときには、次ページのような資料を提出しています。
私は中古物件を投資対象としていますが、金融機関からこれ以上の資料を求められたことはほとんどありません。

これ以外に、「事業計画書」や「収支シミュレーション」、物件を説明するための「プレゼン資料」を作成すべきという人もいますが、私は**必要ない**というスタンスです。
融資希望者から提出される事業計画書やプレゼン資料は、意図的になりがちです。つま

❶物件資料

- 物件概要書
- レントロール
- 法務局資料（登記簿謄本［登記事項証明書］、公図、地積測量図、建物図面等）
- 売買契約書（契約締結している場合）
- 固都税明細（または固定資産評価証明書）

❷融資評価依頼書

物件情報、物件概要、希望融資額、希望融資期間、借入主体（個人もしくは法人）等をまとめたもの

❸本人確認資料

- 経歴書
  出身地、出身大学、職歴、保有資格、家族構成等
- 金融資産一覧表
  預貯金、株式、保険、その他資産の一覧表。エビデンスを求められるため、預貯金の場合は口座番号や氏名が印字されている通帳の表紙と最終残高が記載されている最新ページ、株式の場合は株主の氏名・明細がわかるもの、保険の場合は保険証券等
- 身分証明書
  マイナンバーカード、運転免許証、健康保険証の両面コピー
- 源泉徴収票および確定申告書
  直近3年分
- 住宅ローン
  借り入れがあれば、金融機関発行の返済予定表
- 借家の場合
  現在借りている家賃の額を申告（必要に応じて賃貸借契約書を提出）

❹配偶者（連帯保証人）資料

- 身分証明書
  マイナンバーカード、運転免許証、健康保険証の両面コピー
- 源泉徴収票および確定申告書
  直近3年分

❺すでに物件を所有している場合の資料

- **保有物件一覧表**
  物件名、所在地、地積、延床面積、竣工年、構造、戸数、購入年、家賃収入、融資金融機関、当初借入額、融資残年数、返済方法、金利等についてまとめたもの
- 登記簿謄本（登記事項証明書）
- 最新レントロール
- 固都税明細（または固定資産評価証明書）
- 金融機関発行の返済予定表

❻法人を所有している場合の資料

- 法人の登記簿謄本（登記事項証明書）
- 直近3期分の決算書

り、お金を借りたい人から提出された事業計画書を、金融機関が鵜呑みにするのかどうかということです。

新築案件ならともかく、**中古物件の場合、事業計画書は不要**というのが私の考えです。

事業計画書をつくる時間があるなら、その時間をほかのことにあてたほうが有意義です。

Question 49 訪問の際に気をつけることはありますか？

[質問頻度] ★★★☆☆
[重要度] ★☆☆☆☆

A 金融機関を訪問するときは、「身なり」に気をつけましょう。服装や持ち物など、銀行員は意外によく見ています。

銀行員は融資をする相手として、**「お金持ち」**や**「倹約家」**を好みます。

では、銀行員が嫌うのはどんな人でしょうか。

それは**「浪費家」**です。融資を獲得するにあたり、金融機関から「浪費家」と判断されていいことは何もありません。**初回訪問時から身なりには注意**しましょう。

訪問時はスーツ・ネクタイを着用します。高級なスーツや腕時計は身につけません。

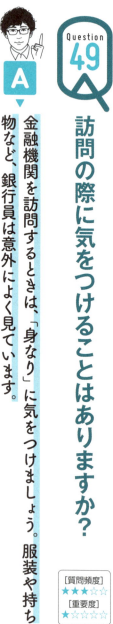

堅実な倹約家であることをアピールするために、私は**清潔感のある一般的なスーツを身につけ、大衆車に乗って行きます**。面談時に銀行員の視線を観察すると、必ずといっていいほど、車や時計を見ているような気がします。

なお、面談は金融機関の営業時間内である平日の9時から15時の間に来てほしいという場合が多いと思います。

会社員だとこの時間帯の訪問は難しいですが、閉店後の夜間に対応してくれる場合もあるので、相談してみましょう。

私は、面倒な訪問はできるだけ先延ばしにしています。忙しい中、合間を縫って訪問しても、融資は確実ではないからです。可能なかぎりムダを省きたいので、最近では、**融資が確実になった段階で訪問する**ようにしています。

新規開拓した金融機関であっても、基本的なやりとりは電話とメールで行い、融資承認が下りたときや金銭消費貸借契約締結のときにはじめて担当者と面談するというケースが増えています。

Question 50

融資がゆるくなる時期はありますか？

［質問頻度］★★★★☆
［重要度］★★☆☆☆

A

一般的に、金融機関の融資がゆるむ時期は、「決算期末（3月）」「半期末（9月）」そして「四半期末（6月、12月）」です。

一般的に、**金融機関の融資が最もゆるむ時期は、決算期末（3月）**です。次に**半期末（9月）、そして四半期末（6月、12月）の順**でしょう。どこの金融機関も共通していると思います。

金融機関に案件を持ち込むタイミングですが、3月、6月、9月、12月の融資がゆるむ時期に合わせ、**少し余裕をもたせた1カ月ほど前の2月、5月、8月、11月がおすすめ**といえるでしょう。私自身、やはり**2～3月、8～9月に物件を購入することが多い**です。

金融機関に案件を持ち込む「時期（タイミング）」を意識するのとしないのとでは、結果がまるで違ってきます。融資がゆるむ時期をねらうことをおすすめします。

しかし、次に紹介するエピソードのような例外ももちろんあります。

融資がゆるむであろう2～3月に、つきあいのある金融機関に案件を持ち込んだと

きのことです。

懇意にしている担当者は「もう少し前に持ち込んでくださっていれば、ご融資させていただいたのですが……」というのです。

金融機関は支店ごとに融資ノルマが課されています。なかでも融資に積極的な支店は、半期ごとに厳しいノルマが課されていることが多いです。

ノルマの厳しい支店の場合、期首から積極的に融資を出す傾向にあります。ノルマ達成のためにスタートダッシュをするわけです。

そして、ノルマ達成後は、まったく融資を出さないというスタンスになります。

支店の実情を聞いてみると、その期のノルマはすでに達成しており、「その期はノルマ以上の融資は出さない」ことに決めていたそうです。

［アプローチの素朴な疑問］のまとめ

☑ 「事業計画書」や「プレゼン資料」をつくり込む必要はない。

☑ 「物件資料」「融資評価依頼書」「本人確認資料」など、事実にもとづく資料を過不足なく準備する。

☑ 金融機関を訪問するときは、「身なり」に気をつける。浪費癖のない真面目な倹約家であることをアピールする。

☑ 金融機関の融資がゆるむ時期は、「決算期末（3月）」「半期末（9月）」そして「四半期末（6月、12月）」。この1ヵ月前に話を持ち込むようにする。

融資ＯＫの人、融資ＮＧの人の違い

Question 51

どんな職業だと、銀行ウケがいいですか？

［質問頻度］★★★★☆
［重要度］★★★☆☆

A

いわゆるお金持ちを除けば、公務員や師士業、会社員が銀行ウケのいい職業です。

某メガバンク勤務の友人に、**銀行員が好む属性（とくに職業）についての率直な意見**を聞いてみました。銀行員が融資をしやすい属性ランキングは、［図表3◆2］のようになります。

銀行員の友人は「『❶資産家・地主・富裕層』はお金持ちなので、取引先として最もありがたい存在。『❷公務員』は収入の安定性という面で、非常に評価が高い。『❸医師、弁護士、税理士など』は師士業すべてが高収入というわけではないが、定年がないという強みもある。『❹東証一部上場企業の会社員』『❺上場企業の会社員』『❻中小企業の会社員』は企業規模などに応じて評価は異なるが、収入に安定性がある。『❼自営業者』は収入の安定性が乏しい」という理由を挙げていました。

金融機関から見た会社員の属性評価は、意外に高いのです。

なお、「❼自営業者」はケースバイケースです。創業間もない自営業者が融資を受けるのは難しいかもしれませんが、長年堅調な経営を続けて十分な利益を出しているのなら、チャレンジする価値はあります。

[図表3◆2] 銀行員が融資をしやすい属性ランキング

1	資産家・地主・富裕層
2	公務員
3	医師、弁護士、税理士など
4	東証一部上場企業の会社員
5	上場企業の会社員
6	中小企業の会社員
7	自営業者

銀行員がいかにも〝ゲンキン〟だと感じた私の経験を紹介します。

私は**従業員10人ほどの不動産鑑定士事務所から、従業員4万人の東証一部上場のメーカーへ転職**しました。

転職後、鑑定士事務所時代に訪問して門前払いを受けた銀行に再度出向くと、「堅実な会社にお勤めですね。ぜひ当行で検討させてください」と手のひらを返したような対応をされたのです。

転職して収入が大幅に増えたわけではないので、銀行が重要視するのは、**会社の規模・安定性・ネームバリュー**だということです。

Question 52

年収500万円の会社員ですが、どれくらい融資を受けられますか？

［質問頻度］★★★★☆
［重要度］★★☆☆☆

A

一概にいえませんが、融資枠の目安は年収の20倍、1億円程度でしょう。

不動産投資の融資枠には、住宅ローンのように年収から逆算できるような一般的なセオリーはありません。収益物件の融資は、**物件評価（担保価値）と人物評価（属性等）を総合的に判断**したうえで可否が決まるからです。

とはいえ、「自分はどれくらいの融資を受けることができるのか？」は気になるところだと思います。

各金融機関の融資基準や融資申込者の属性（勤務先、金融資産等）にもよるので一概にはいえませんが、給与所得が中心の会社員の場合、**収益物件購入の融資枠はおおよそ年収**

［融資ＯＫの人、融資ＮＧの人の違い］

の20倍前後でしょう。

したがって、年収500万円であれば、1億円くらいまでの融資枠があると考えていいでしょう。これは本人の収入だけでなく、**配偶者や親族の資産状況、連帯保証人の有無などによっても左右**されます。

私の融資枠にまつわるエピソードを紹介します。

私のメインバンクは某地方銀行ですが、取引を開始した当初、担当者に「私の場合、融資枠はどれくらいですか？」と聞いてみました。

回答は「ご本人と奥様の収入、金融資産などを総合的に見ると、2億円くらいまではいけると思います」というものでした。私と妻の年収を合算すると約1000万円だったため、融資枠はおよそ20倍でした。

1年ほどで2億円の融資枠を使い切りましたが、保有物件の運営状況や経営成績を銀行に示すと、「賃貸経営も順調ですし、物件次第ではまだご融資できそうです」と、担当者の回答に変化が見られました。

この銀行とのつきあいは4年目となり、融資額は5億円を超えています。いまでも「いい物件があれば、まずは当行にご相談ください」といわれています。

当初の融資枠は2億円でしたが、**経営成績などを示すことで融資枠はしだいに大き**

くなり、**青天井になりつつあります**。
ごく普通の会社員でも、金融機関から優秀な一事業者と認められれば、水準以上の融資を受けることが可能なのです。

Question 53

転職したばかりですが、融資は受けられるのでしょうか？

［質問頻度］★★★★☆
［重要度］★★☆☆☆

A

転職の良し悪しは、ケースバイケースです。収入アップや大企業への転職はプラスですが、勤続年数がリセットされるマイナス面もあります。

私自身は「属性アップ」のために転職をしました。

ここでは私が実際に感じた転職のメリット・デメリットを紹介するとともに、不動産投資における転職の考え方について解説します。

◆転職のメリット……→「属性アップ」で評価が上がる

前述のように、私は零細不動産鑑定士事務所から東証一部上場企業に転職しました。

このことによって、金融機関の私を見る目は大きく変わりました。**年収が若干増えたことに加えて、大企業に所属していること（企業規模・安定性・知名度等）**によって、「属性評価」が大幅にランクアップしたのです。

◆転職のデメリット……→勤続年数がゼロになる

勤続年数がゼロになったため、すぐに融資を受けることができませんでした。

転職して間もないころ、いくつかの金融機関にアプローチしましたが、そのほとんどから「転職して間もないので融資は難しいです」「3年ほどの勤務実績ができてからお願いします」という返答を受けました。

私の場合、年収と所属企業については評価を受けましたが、勤続年数で割を食いました。**転職後、2年ほど勤務実績づくりと金融資産づくりに励むこと**を余儀なくされたのです。

私のように異業種への転職（不動産鑑定士事務所→製造業）の場合、金融機関は「この人は転職先に順応して働きつづけることができるのだろうか？」といった懐疑的な目で見てくるため、勤続年数が問われることになり、融資が難しくなるわけです。

一方、**同業種へのキャリアアップのための転職**であれば、逆に金融機関から評価を受けることがあります。年収がアップしていること、知名度の高い企業であることなどの条件があれば、勤続年数に関係なく見てもらえる場合が多いようです。

メリット・デメリットを念頭に置き、**転職は慎重に検討**してください。

金融機関の担当者に、転職に対する評価について事前にさりげなくヒアリングしてもいいでしょう。

Question 54

独身ですが、融資は受けられるのでしょうか？

［質問頻度］★★★☆☆
［重要度］★★☆☆☆

A

配偶者（連帯保証人）がいなくても、「団体信用生命保険の利用」「法人設立」といった工夫で融資を受けることができます。


個人で融資を受ける場合、金融機関は法定相続人の連帯保証人を求めてきます（配偶者の連帯保証人を求められるケースがほとんど）。そのため、**連帯保証人がいないと融資を受けづらくなる**のは事実です。

しかし、次の2つの方法であれば、連帯保証人なしで融資を受けることが可能です。

連帯保証人なしで融資を受ける❶

「団体信用生命保険」を利用する

金融機関にもよりますが、**団体信用生命保険への加入で連帯保証人が不要になる**場合があります。

団体信用生命保険とは、ローンの借主が債務を弁済する前に死亡または高度障害を負った際、生命保険会社が残債務を弁済してくれる制度のことです。**団体信用生命保険が利用できるのは、アパートローンのみ**です。

利用の際は、次の点に注意しておきましょう。

- ・保険料として金利が上がる……金融機関によってまちまちですが、ベースとなる金利に0・3～0・5%くらいの保険料が上乗せされる
- ・融資金額に上限がある……これも金融機関によってまちまちですが、1億円を上限とする金融機関が多い（例外的に3億円を上限としている金融機関もあります）

連帯保証人なしで融資を受ける❷

「資産管理法人」として融資を受ける

資産管理会社を設立し、法人として収益物件を購入することで、配偶者の連帯保証なしで金融機関から融資を受けることができます。

自分が法人の代表者になることで、**法人が主債務者、代表者である自分自身が連帯保証人になって融資を受ける**のです。

以前は資産管理法人でも配偶者の連帯保証人を求められるケースがありましたが、最近はほとんどありません。

私も資産管理法人で融資を受けていますが、代表者である私が連帯保証するだけで、妻の連帯保証を求められることはほぼありません。

Question 55　無職ですが、不動産投資はできますか？

［質問頻度］★★☆☆☆
［重要度］★☆☆☆☆

A　資産家や地主でもないかぎり、無職のまま融資を受けて不動産投資をはじめるのは難しいでしょう。

安定的な収入がないと、金融機関は融資をしてくれません。

無職の人が不動産投資をはじめるには、**「金融機関から認められる属性」**になるしかないのです。

・会社員になって数年分の源泉徴収票をつくる
・事業者になって数年分の確定申告書をつくる

といった地道な方法しかありません。**会社員の場合は少しでも年収を上げる努力、事業者の場合は少しでも多く納税する努力（黒字決算）**も必須です。

ただし、次の2つのケースでは、無職でも金融機関から融資を受けることができます。

ケース❶資産家や地主など、いわゆる「お金持ち」

定職についていなくても、**ケタ違いの金融資産や不動産をもっている人**には、お金を貸してくれます。

数億円の資産価値のある不動産（残債なし）および数億円の金融資産を相続した知人がいます。彼は定職につくことなく、相続した不動産の管理だけで日々優雅な暮らしをしています。

彼が不動産投資をはじめようと金融機関に相談したところ、あっさりと数億円の融資が承認されました。

ケース

❷金融資産をたっぷりもっている「デイトレーダー」

仕事をしていても、金融機関から無職とみなされる場合があります。**株式投資家（デイトレーダー）**などがそれにあたります。

知人に株式投資でかなりの額を稼いでいるトレーダーがいます。

彼が不動産投資をはじめようと、ある高利回りの物件を金融機関に持ち込んだところ、頭金3割を入れることで残りの額を融資してもらえました。理由は、**全額をキャッシュで購入できるだけの金融資産をもっていた**からだそうです。

この2つのケースは一般的なものではありませんが、金融機関が融資可否を決める要素を学べる事例といえます。

共通しているのは、属性はともあれ**「十分な資産をもっている」**こと。

金融機関は、彼らにお金を貸しても、とりっぱぐれがないと判断しているのです。安定した収入がなくても、それを凌駕するだけの資産があれば、融資を受けられるのです。

［融資OKの人、融資NGの人の違い］のまとめ

☑ 銀行ウケのいい職業は、公務員や師士業、そして会社員。

☑ 融資枠の目安は年収の20倍と考える。年収500万円の場合、1億円程度。

☑ 転職した場合、収入アップや大企業への転職はプラス評価となるが、勤続年数がリセットされるマイナス面もある。

☑ 配偶者（連帯保証人）がいたほうが有利だが、独身でも「団体信用生命保険の利用」「法人設立」といった工夫で融資を受けることができる。

☑ 無職では、融資を受けて不動産投資をはじめるのは難しい。

次の融資を受けるために

Question 56 「赤字だと、次の融資を受けられない」って本当ですか？

［質問頻度］★★★★☆
［重要度］★★★☆☆

A 個人・法人を問わず、確定申告は「黒字」にしておいたほうがいいでしょう。ただし例外もあります。

金融機関は、儲かっている人（納税額の大きい人）を好みます。

そのため、赤字申告では、**「儲かっていない人」（経営者として失格）という烙印**を押されてしまう可能性があるのです。当然、次の融資にネガティブに働きます。

賃貸経営が順調に回り出すと、**税金との戦い**になります。

いったん懐に入ってきたお金から納税するのは、心情として嫌なものです。しかし、不動産投資で規模を拡大し、大きな利益を得るためには、金融機関から継続的に融資を受けなければなりません。

「納税は次の融資を受けるための経費」と割り切って、黒字化し、しっかり納税することが必要です。

ただし次の3つのケースでは、赤字でも融資を受けられることがあります。

ケース

❶不動産購入1年目……→赤字でも融資OK

不動産購入1年目は、購入諸費用（登録免許税、不動産取得税等）やリフォーム費用などの経費が発生するため、赤字になることがほとんどです。

これが原因で、次の融資が受けられなくなることはあまりないでしょう。**「1年目は赤字でもしかたがない」**と、多くの金融機関が認識しているからです。

ケース

❷会社員のアパートローン利用……→赤字でも融資OK

会社員が個人属性を利用してアパートローンを利用する場合は、確定申告上赤字であっても、融資を受けられるケースが多いようです。

これは金融機関が物件そのものの収益性や担保価値よりも、**会社員の給与所得を返済原資として重視している**からかもしれません。

ケース

❸十分な金融資産をもっている……→赤字でも融資OK

周囲の不動産投資家を見ていると、たとえ赤字であっても、それをカバーできる「金融資産」をもっていれば、継続して融資を受けられる人が多いようです。

Question 57

会社員を辞めると融資が受けられなくなりますか？

［質問頻度］★★★★★
［重要度］★★★★☆

A

不動産投資家としての実績を積み、きちんと準備をしておけば、退職後に融資が受けられなくなるということはないでしょう。

会社員時代に不動産投資をはじめて、その後、会社を辞めたAさんとBさんがいます。

Aさんは会社を辞めたあと次の融資をまったく受けられなくなりましたが、Bさんは会社員時代と同様に融資を受け、不動産投資を続けています。

この違いは何だと思いますか？

ひと言でいえば**「準備の差」**です。Aさんは**会社員をリタイアすることを目標**にしていましたが、Bさんは**リタイア後をしっかり見据えていた**のです。

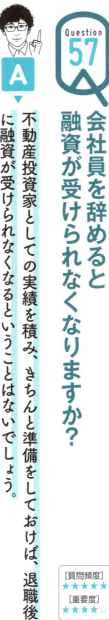

Bさんは会社員という属性がなくなっても、次のような条件を満たせば継続して融資が受けられると、取引のある金融機関にヒアリングしていました。

- **法人の3期分の確定申告書（黒字）**
- **財務指標（債務償還年数、自己資本比率等）の改善**
- **金融資産〇〇〇〇万円以上**

つまり、Bさんは会社員を辞めても**「事業者」として融資を受けられる実績づくり**をしていたのです。用意周到なBさんは、顧問税理士に相談のうえ、**金融機関ウケのいい確定申告書や決算書**をつくり込んでいたそうです。

この視点がなかったAさんは、金融機関から相手にしてもらえませんでした。事業者としての実績が重要ということに気づいたAさんは、その後3年間かけて実績を積み、ようやく融資を受けられるようになりました。

周囲を見回しても、Aさんのようなパターンは少なくありません。

一時期、「不動産投資でアーリーリタイア」が流行りましたが、収益物件を購入して会社員を辞めたものの、次の融資が受けられなくなったという人が続出しました。

会社を辞めても不動産投資を続けたいなら、**リタイア前から入念な準備が必要**であることを念頭に置いてください。

［次の融資を受けるために］のまとめ

- 儲かっていないと、次の融資が受けにくくなる。個人・法人を問わず、確定申告は「黒字」にしておいたほうがいい。
- 会社員を辞めて不動産投資で食べていくなら、不動産投資家としての実績を積み、きちんと準備をしておく。

自己資金についての戦略

Question 58

自己資金ゼロではじめられますか？

［質問頻度］★★★★★
［重要度］★★★☆☆

A ▼ **残念ながら、自己資金ゼロから不動産投資をはじめるのは困難でしょう。**

ネットや書籍で「自己資金ゼロではじめられる不動産投資」というようなキャッチフレーズをよく見かけます。

「自己資金ゼロで」というのは、資金が乏しい人にとって魅力的なキャッチフレーズです。私も不動産投資を検討していたころは自己資金が少なく、「自己資金ゼロではじめられたらいいのに」と安易に考えていました。

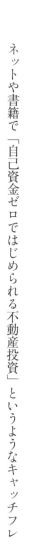

しかし、そう甘くはありません。

自己資金ゼロではじめるということは、物件価格のみの融資（フルローン）でもなかなかハードルが高いのに、**物件価格以外の諸費用も含めて金融機関から融資を受けること（オーバーローン）**を意味します。

物件の規模にもよりますが、これを実現させるのは至難の業です。**持ち込んだ物件によほどの担保余力（購入価格＜積算価格）がある、融資申込者が非常に高い属性をもっている（年収数千万円）**などの特別な理由がないかぎり、現実的ではありません。

前述したように、銀行員はお金持ちや倹約家を好みます。

彼らの立場に立って「まったくお金のない人が大きなお金を借りたがっている」と考えてみてください。当然「融資はしたくない（できない）」という結論になるのではないでしょうか？

不動産投資は、**金融機関とうまくつきあっていくことが大前提**です。

彼らを納得させ、よりよい条件で融資を受けられるよう、自己資金を貯めることを心がけてください。

Question 59

自己資金はどれくらい必要でしょうか？

［質問頻度］★★★★☆
［重要度］★★★★☆

A

多いに越したことはありません。自己資金の目安は「物件価格の20％程度」と考えておきましょう。

自己資金の考え方には、「金融機関側の視点」と「投資家側の視点」という2つの側面があります。2つの側面を同時に考えたとき、**必要となる自己資金の額は「物件価格の20％程度」**と考えられます。その理由は次の2つです。

理由

❶「金融機関」から見た自己資金

金融機関は融資申込者の「属性」と「金融資産」を重要視します。属性が悪い人や自己資金がゼロの人がいい物件を持ち込んでも、取り合ってもらえない可能性が高いのが現実です。

不動産投資をはじめたころ、私は一介の会社員でした。資金をコツコツ貯めたとはいえ、それほど大きな額ではなかったので、金融機関に

アプローチする際には、必ずといっていいほど**「フルローンを申し込む際、どれくらいの金融資産があれば融資審査の土俵に上がれるのか」**ということをヒアリングしてきました。

結果「最低でも物件価格の20％くらいは見せてほしい」という回答が多かったです。

理由❷「投資家」から見た自己資金

収益物件をフルローンで購入する場合でも、**購入時の諸費用と購入後の運営費用（リフォーム費等）**は自分でまかなわなければなりません。そのため、やはり物件価格の20％くらいの自己資金がほしいところです。

購入時の諸費用としては、**不動産仲介手数料、登録免許税、司法書士報酬、収入印紙代、融資事務手数料、不動産取得税**などが挙げられます。

物件の検討段階では、これら諸費用を厳密に計算する必要はありません。ざっくりと、**物件価格の7～10％くらいかかる**と考えておけばいいでしょう。

5000万円の物件を購入するなら、諸費用は350万～500万円程度をイメージしておきます。

余談になりますが、**不動産取得税（都道府県税）には注意が必要**です。

不動産取得税は毎年かかる固定資産税などと違って、購入後に一度だけかかる税金ですが、決済日から数ヵ月後にやってくるので忘れてしまう人が少なくありません（納税通知書が送られてくるタイミングは都道府県によって異なります）。

不動産取得税はかなり大きな金額になるため、あらかじめ準備しておかないと資金繰りに窮することになります。

私にも不動産取得税を一度に支払うのが苦しい時期がありました。

分納を認めてくれる都道府県もあるので、納税通知書が送られてくる前に、物件所在地の都道府県税事務所に相談してみるという手もあります。

［自己資金についての戦略］のまとめ

- ☑ 自己資金ゼロで不動産投資をはじめるのは難しい。自己資金ゼロの人は、まずはお金を貯める。
- ☑ 自己資金は多いほうがよいが、目安は「物件価格の20%程度」と考えておく。

フルローンではじめる不動産投資

Question 60 フルローンでもキャッシュフローを得られるのですか？

［質問頻度］★★★☆☆
［重要度］★★★★★

A **物件選定と融資条件にもよりますが、フルローン（もしくはオーバーローン）であっても、十分なキャッシュフローを得ることは可能です。**

フルローン（もしくはオーバーローン）で十分なキャッシュフローを得るためには、**「❶不動産の収益性（利回り）」「❷融資期間」「❸金利」「❹返済比率」の4つのバランス**が重要です。

4つのバランス

❶不動産の収益性（利回り）……→高く

利回りが高ければ高いほど、キャッシュフローを得ることができます。

一般的に、リスクとリターン（利回り）は比例するため、「利回りが高い物件は危険」だという人がいます。ある意味、真実でしょう。

しかし、**「利回りが低いこと」は、それ自体がリスク**です。

利回りの低い物件にフルローンを組めば、潤沢なキャッシュフローを得るのは難しくなります。修繕や空室などの突発的な支出があれば、赤字転落・自己資金投入となってしまいます。

利回りは「パワー」です。これがなければ、キャッシュフローは出ません。

利回りばかりに固執するのもいけませんが、利回りの低い物件に手を出すと、あとあと苦労することになります。

4つのバランス ❷融資期間……→長く

融資期間が長ければ長いほど、キャッシュフローを得ることができます。

手元資金が乏しいのに融資期間を短くすると、毎月の返済額が大きくなってキャッシュフローを得られず、突発的な支出に耐えられなくなります。とくに初期ステージでは、**融資期間を長めに設定し、キャッシュフローを得て賃貸経営を安定化させる**ことが肝要です。

融資期間の考え方は、金融機関によってまちまちです。

RC造の場合、**最長で「法定耐用年数（47年）－築年数＝融資期間」**となりますが、法定耐用年数起算で融資期間を見てくれる金融機関は決して多くありません。金融機関が独自に経済的耐用年数（たとえば40年）を設定し、融資期間が短くされるケースが多いです。

4つのバランス

❸金利……→低く

金利が低ければ低いほど、キャッシュフローを得ることができます。

金利は低いに越したことはないのですが、**無理な金利交渉は金融機関との関係にしこりを残す**ことにもなりかねませんので、慎重に行いましょう（金利交渉についてはQ66〔195ページ〕参照）。

4つのバランス

❹返済比率……→低く

返済比率は、私が最重要視している指標です。返済比率が低ければ低いほど、キャッシュフローを得ることができます。

❶〜❸の条件を鑑みて、最終的に返済比率を検討します。

返済比率＝ローン返済額÷満室家賃収入

私が目安としている返済比率は、40％程度です。**返済比率を40％程度に抑えておけば、多少の家賃値下げや空室損失、突発的な修繕などにも十分に耐える**ことができます。

Question 61

やはりフルローンは危険ですか？

［質問頻度］★★★★☆
［重要度］★★★★★

A

「フルローン（もしくはオーバーローン）＝危険」という認識は間違いです。それよりも「キャッシュフロー」と「返済比率」に着目しましょう。

私はフルローン以上の融資を受けながら不動産投資を継続していますが、**危険だと感じたことは一度もありませんし、賃貸経営そのものも順調**です。

しかし一方で、「収益物件は頭金を2割程度入れて購入すべき。フルローンやオーバーローンは危険」とアドバイスする不動産投資コンサルタントもいます（ちなみに、物件価格全額の借り入れを「フルローン」、諸費用や改修費も含めた借り入れを「オーバーローン」といいます）。

はたして、フルローンは危険なのでしょうか？

フルローンが危険であるか否か、［**図表3◆3**］の実例で数値検証してみましょう。

ちなみに、❶は某投資家が購入した物件、❷は私が購入した物件です。

着目してほしいのが**「キャッシュフロー（Q36〈122ページ〉参照）」と「返済比率（Q60〈181ページ〉参照）」**という指標です。

❶は自己資金を2割入れたのにもかかわらず、❷にくらべてキャッシュフローは半分ほ

ど、返済比率も高いという結果になりました。

2000万円の自己資金を投入したうえ、1億円の物件を購入するというリスクを考えたとき、「リターンがわずか年間約170万円では割に合わない」というのが私の感想です。

また、❶のケースでは、空室損失や突発的な修繕に耐えることができません。**割高なB級物件にいく**

[図表3◆3] フルローンが危険かどうかの数値検証

❶自己資金2割を入れて購入したケース

[物件概要]

価格	構造	利回り	築年数	エリア
1億円	RC造	8.5%	19年	地方
自己資金	融資金額	融資期間	金利	
2000万円	8000万円	28年	1.5%	

上記物件を空室損失リスク10%、経費率25%としてキャッシュフローと返済比率をシミュレーションすると以下のような数値になる
キャッシュフロー：約170万円／年、返済比率：約45%

❷フルローンで購入したケース

[物件概要]

価格	構造	利回り	築年数	エリア
1億円	RC造	12.5%	22年	地方
自己資金	融資金額	融資期間	金利	
0円	1億円	25年	1.5%	

❶と同様、空室損失リスク10%、経費率25%としてキャッシュフローと返済比率をシミュレーションすると以下のような数値になる
キャッシュフロー：約330万円／年、返済比率：約40%

ら自己資金を投入したところで、安定経営は望めないのです。

数値で検証してみると**「フルローンは危険だ」という主張の論拠は何もない**ことがわかるのです。

Question 62

できればフルローンで不動産投資をはじめたいのですが……

[質問頻度]★★★★☆

[重要度]★★★★☆

A

フルローンやオーバーローンは誰でも利用できるものではありません。「物件」と「人物」の評価が高くなければ、難しいでしょう。

実際に、フルローン・オーバーローンで物件を購入している人はたくさんいます。

しかし、これはあくまでも結果論です。**誰でもはじめからフルローン以上の融資を受けられるわけではありません。**

金融機関がフルローン以上の融資を決定する際には、次のような理由が総合的に判断されています。

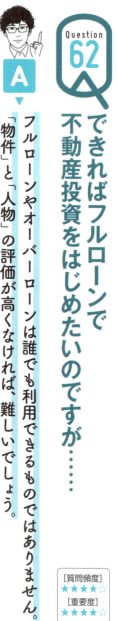

・持ち込んだ物件に十分な担保価値があること（物件評価）
・融資申込者に良好な属性と資産背景があること（人物評価）

また、金融機関の融資姿勢（Q6〔39ページ〕参照）は市況の変化に連動します。物件評価、人物評価に加え、市況や決算などのタイミング（Q50〔156ページ〕参照）にもよります。

Question 63 フルローン融資を勝ち取る秘訣はありますか？

［質問頻度］★★★☆☆
［重要度］★★★☆☆

A ▼ 多少年収が低かったり、金融資産が少なかったりしても、物件そのものに価値があれば、フルローン融資は可能です。

年収が高くなくて金融資産も少ない、ごく普通の会社員がフルローン融資を受けるには、前項の「持ち込んだ物件に十分な担保価値があること（物件評価）」という条件に徹底的にこだわるしかありません。

簡単にいえば、「安くて質のいい物件」であることです。

物件にこだわるべきなのは、融資を受けるためだけではありません。初期段階でいい物件を購入できると、

・高積算価格の物件であるため、担保余力が出てくる
・フルローン以上の融資が見込めるため、自己資金を温存できる
・キャッシュフローが潤沢に出る物件であるため、金融資産を増やせる

などのメリットがあるため、その後の規模拡大がスムーズになるからです。

不動産投資をスタートした当時、私は一部上場企業の会社員でしたが、年収や金融資産はそれほど多くありませんでした。

「ならば、いい物件を探せばいい」

そう考えた私は、次のような条件の物件を探しつづけました。

・積算価格……売買価格の1・5倍以上
・築年数………20年前後

・構造等………RC造
・利回り………13％以上
・稼働率………80％以上

収益物件を検索したことがある人ならわかると思いますが、このような数字の物件はなかなかありません。あったとしても市場に出た途端に消えてしまうか、水面下で取引されてしまうような物件です。

しかし、私は探しつづけました。不動産投資をはじめてから今日に至るまで、10億円ほどの収益物件を購入しましたが、ほとんどがこれらの条件（稼働率をのぞく）をクリアしています。

ちなみに最近はボロボロ、ガラガラの再生物件を購入することが多いです（これは実績のない初心者は難しいです）。

「いまどきそんないい物件はない」と探す前にあきらめてしまったら、そこで思考も行動もストップしてしまいます。

Question 64

フルローン融資を受けられるなら、その物件を購入すべきですか？

[質問頻度] ★★★★★
[重要度] ★★☆☆☆

A

フルローン融資を受けられるからといって、その物件を購入してもいいわけではありません。「融資を受けられる物件＝価値がある」とはかぎりません。

「銀行が融資をＯＫしてくれたから買った」という人があとを絶たないので、あらためて警鐘を鳴らしておきたいと思います。

大切なのは、**「その物件がどれだけのキャッシュフローを生んでくれるのか」**という視点です。私はキャッシュフローを重視する不動産投資を推奨していますが、

- **フルローン融資でも潤沢なキャッシュフローを生んでくれる物件であること**
- **金融機関がフルローン融資をしてくれること**

の２つを絶対に混同してはいけません。

たしかに、フルローンやオーバーローンは誰でも受けられるものではありません。だか

らこそ、「フルローンOK＝物件の価値が高い」と勘違いしてしまうのです。

金融機関には安定した職業についている人、高収入の人、十分な金融資産をもっている人などに、盲目的に融資をする傾向があります。

つまり、超高属性の人なら、キャッシュフローの出ない（買ってはいけない）不動産をフルローンで購入できてしまうのです。

投資家の目的は、お金を儲けることです。不動産投資はあくまでその手段です。

にもかかわらず、**「十分なキャッシュフローを得て経済的自由を獲得すること」をめざしていた**はずが、仲介業者や不動産投資コンサルタントにコントロールされ、いつの間にか**「不動産を買うこと」が目的になってしまった**投資家がたくさん存在します。

「融資が受けられるから不動産を買う＝お金儲けができる」という公式が成り立つような、甘い世界ではありません。

正しくは**「十分なキャッシュフローが出る不動産を購入し、しっかり運営する＝お金儲けができる」**です。

ここを履き違えると、再起できなくなります。

#［フルローンではじめる不動産投資］のまとめ

- ☑ 物件選定と融資条件にもよるが、フルローン（もしくはオーバーローン）であっても、十分なキャッシュフローを得ることは可能。
- ☑「フルローン（もしくはオーバーローン）＝危険」という認識は間違い。それよりも「キャッシュフロー」と「返済比率」に着目しよう。
- ☑ フルローンやオーバーローンは誰でも利用できるものではない。「物件」と「人物」の評価が高いことが重要。
- ☑ 多少年収が低かったり、金融資産が少なかったりしても、物件そのものに価値があれば、フルローン融資は可能。
- ☑ フルローン融資を受けられるからといって、その物件を購入してもいいわけではない。十分なキャッシュフローが得られるかどうかが重要。

融資条件を見極める

Question 65

返済は元利均等と元金均等のどちらを選択すべきですか？

［質問頻度］★★☆☆☆
［重要度］★★☆☆☆

A **初期段階では、返済額が一定で無理のない「元利均等返済」を選択すべきです。**

ローンの返済方法には、**「元利均等返済」**と**「元金均等返済」**があります。

元利均等返済は、元金と利息を合わせた返済額は変わらず、返済金額に占める元金と利息の割合が変化していく返済方法です。**返済当初は利息が大部分を占めるので、元金部分の減りが遅い**のが特徴です。

元金均等返済は、元金部分を返済期間で均等に割り、残高に応じた利息を乗せていく返済方法です。**返済当初が最も返済額が多く、返済が進むと返済額も徐々に少なくなっていく**のが特徴です。

◆初期段階では「元利均等返済」がおすすめ

不動産投資の**初期段階では、「元利均等返済」にすべき**だと私は考えます。キャッシュフローを得るうえで、次のようなメリットがあるからです。

- **・返済額（元金＋利息）が一定のため、返済計画が立てやすい**
- **・元金均等返済にくらべて、返済開始当初の返済額が少ない**

「元金均等返済よりも返済総額が多く、借入金残高の減りが遅くなる」といったデメリットはありますが、とくに資金力が乏しい初期段階では、**「元利均等返済」を選択してキャッシュフローを貯めていくことで、次の不動産投資を有利に進めていくこと**ができるのです［図表3◆4］。

［図表3◆4］「元利均等返済」と「元金均等返済」の返済イメージ

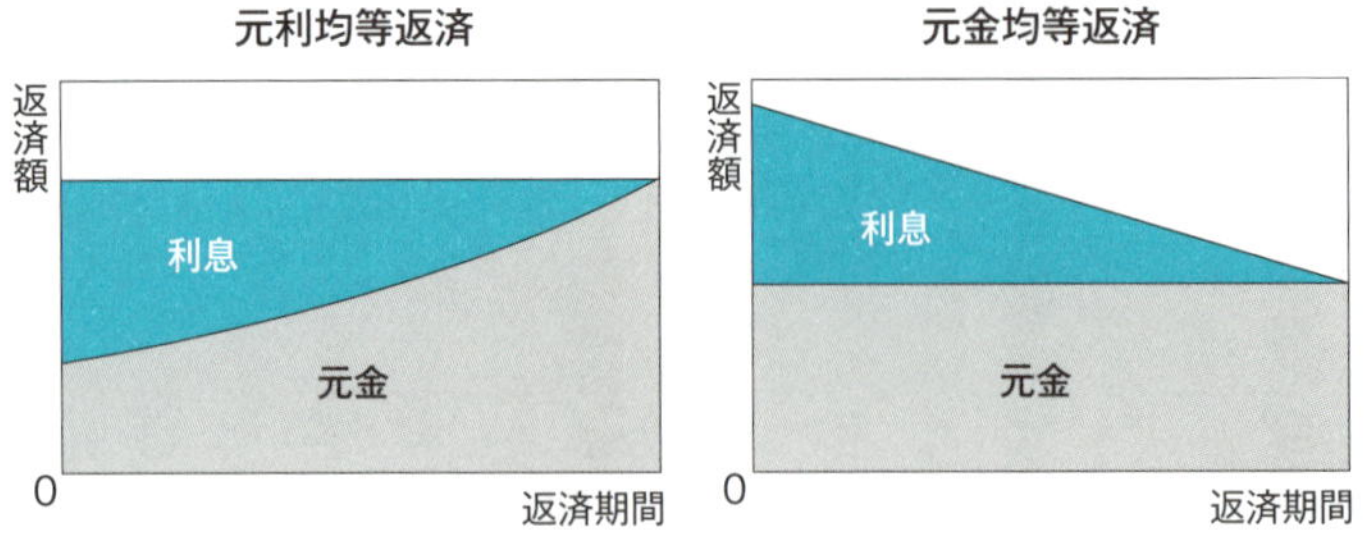

◆「元金均等返済」を選択すべきケース

不動産投資が順調で、**資金力が強くなっている場合は、「元金均等返済」を選んでもいい**でしょう。

私も資金の乏しい初期段階では「元利均等返済」を選択していましたが、資金力が強くなったいまでは、あえて「元金均等返済」を選択したり、融資期間を短縮したりしています。

キャッシュフローは減りますが、返済が早く進むからです。

残債の減りが早くなれば、不動産に担保余力が出る、売却の際により多くの売却益を手にできるといったメリットがあります。

Question 66 金利交渉のコツはありますか？

［質問頻度］★★★★☆
［重要度］★★☆☆☆

A ▼ 今後も融資を受ける可能性があるなら、金利交渉は慎重にしましょう。

金利交渉のタイミングとしては、次の2つがあります。

金利交渉のタイミング

❶「新規借り入れ」の場合……→融資承認後がチャンス

金利交渉の基本のタイミングは、**金融機関から融資承認が出たあと**です。融資が決まっていない段階で金利交渉をされても、金融機関は返答しようがありません。

融資承認後であれば、金利交渉に応じてくれる金融機関は多いと思います（ほかの金融機関に奪われたくないという心理が働くため）。

交渉の際は、**競合の金融機関からの提案金利をダシにする**のが効果的です。

金利交渉のタイミング

❷「既存借り入れ」の場合……→決算時期を避ける

1年を通じてこのタイミングがいいという時期はありませんが、**避けたほうがいい時期**はあります。**3月・9月の決算時期**は、金融機関側が目標達成のために少しでも利益を出そうとしている時期なので、金利を下げることを好ましく思いません。

私の金利交渉に対するスタンスを紹介しておきます。

私は基本的に**金利交渉はしません**。なぜなら、金利交渉は禍根を残すことになるからです。

金融機関側にとって、金利を下げることは収益の減少を意味します。心証は決してよくありませんし、融資稟議を作成する担当者のやる気を削ぐ可能性もあります。

金利も税金と同様、**次の融資を受けるための経費**と考えています。

金利は低いに越したことはありませんが、金利交渉が災いして追加融資が受けられなくなってしまっては、元も子もありません。

ただし、追加融資が望めない金融機関には、金利の引き下げ交渉をします。

金融機関の融資基準はコロコロ変わります。融資基準の変更によって、今後の融資はできないということも往々にして起こります。

そういった場合は、徹底的に金利の引き下げ交渉を行うべきです。

ほかの金融機関への借り換えも、同様の考え方です。追加融資が望めない場合、条件のいい金融機関に借り換えても問題ないでしょう。

Question 67

金融商品をすすめられていますが、断ったらまずいですか？

［質問頻度］★★☆☆☆
［重要度］★☆☆☆☆

A

勧誘は基本的には断っても問題ありませんが、今後の融資を考えて、あえてつきあう戦略もあります。

商品をすすめられるのは、融資実行後が多いはずです。

「希望額をご融資しましたので、ぜひ○○○万円の定期預金をお願いできないでしょうか?」などといわれることがあります。

すすめられるのは**定期預金、積立預金、クレジットカードの作成、投資信託購入、生命保険の加入、外貨建金融商品の購入**など。こういった勧誘は、断っても問題ありません。

勧誘に対処するために、押さえておきたい知識があります。

それは、金融機関による**「優越的地位の濫用」**です。これは、取引関係で優越的地位にあるほうが、相手に対して不当な不利益を与えることをいいます。

先に挙げた金融商品などの**両建預金**も優越的地位の濫用に該当する場合が多いので、覚えておきましょう。両建預金とは拘束性預金の一種で、金融機関が貸付の条件として預け入れさせるものです。

そもそも両建預金には、コンプライアンス上の問題があります。

金融庁の「中小・地域金融機関向けの総合的な監督指針」によれば、過度な協力預金や過当な歩積両建預金の受け入れなど、正常な取引慣行に反する不適切な取引の発生は防止しなければならないとされています。

金融機関の支店の営業マンには、本部から多くのノルマが課されます。私もつきあいのある金融機関の営業マンから、さまざまな商品の勧誘をされたことがあります。

断るべきものは断りますが、杓子定規には考えていません。

今後もその金融機関から追加融資を受けたいと考え、かつ費用負担も少ないものであれば、**多少は営業マンのノルマにつきあう**ことにしています。

たとえば少額の定期預金、年会費数千円のクレジットカードくらいなら許容範囲です。これで**営業マンとの信頼関係が深まるなら安いもの**です。

Question 68

高金利の地方銀行から融資を受けても問題ないですか？

[質問頻度] ★★★☆☆

[重要度] ★★★☆☆

A

融資金利が高くても、目標とするキャッシュフローが得られるなら問題ないと考えましょう。

キャッシュフローを得るためには、「**❶不動産の収益性**（**利回り**）」「**❷融資期間**」「**❸金利**」

[**融資条件を見極める**]

「❹返済比率」の4つのバランスが重要です（Q60〔181ページ〕参照）。「❸金利」が高くても、ほかの要素（「❶不動産の収益性（利回り）」「❷融資期間」）でカバーできればいいということです。

地方銀行やノンバンクの融資条件は、デメリットの高金利ばかりに目を奪われがちです。しかし、こういった金融機関はアパートローンに特化している場合が多いので、**審査スピードが圧倒的に速いなどのメリット**もあります。利用する私たちが、それぞれの金融機関のメリット・デメリットを見極めるべきなのです。

高金利でもほかのメリットでカバーできる2つのケースを紹介しておきます。

ケース❶「利回り」で高金利をカバーできる場合

多少金利が高くても、それを利回りでカバーでき、求めるキャッシュフローが得られるなら問題ありません。

「イールドギャップ」という考え方があります。

これは**物件の表面利回りと借入金利との差**を意味します。たとえば、物件の表面利回り10％、借入金利2％であった場合、イールドギャップは8％となります。

イールドギャップには融資期間が含まれないため、キャッシュフローの計算まではできませんが、検討する際のひとつの目安にはなります。

私は物件を購入する際、**イールドギャップは10％ほしい**と思っています。したがって、高金利の地方銀行でも、次のような利回りがあれば購入対象になります。

【一般的な金利水準のケース】
イールドギャップ（10％）＝表面利回り（12％）－借入金利（2％）
【高金利の地方銀行等のケース】
イールドギャップ（10％）＝表面利回り（14・5％）－借入金利（4・5％）

ケース❷「融資期間」で高金利をカバーできる場合

利回りと同様、融資期間でカバーできるなら、多少金利が高くても問題ありません。

融資期間は長ければ長いほどキャッシュフローが出ると前述しました（Q60〔181ページ〕参照）。

ただし、不動産投資には決められたルールや枠組みがあります。

建物には**法定耐用年数**という国が定めた寿命があり（木造：22年、鉄骨造：34年、RC造：47年）、**これを超える融資期間で金融機関から融資を受けてはいけない**というのが大原則です。法定耐用年数以内で、できるだけ借入期間を長く設定するのがポイントになります。

Question 69

「信用毀損」って何ですか？

A

「信用毀損」とは、借入金が個人の与信と保有物件の担保価値の合計を超えており、金融機関から「債務超過」状態と判断されてしまうことです。

［質問頻度］
★★★☆☆
［重要度］
★★★★★

物件が信用毀損を起こすと、将来破綻する可能性が高いと判断され、**金融機関から追加で融資が受けられない、または受けることが難しくなる**といった、不動産投資家として致命的な状態に陥ります。

不動産投資における信用毀損には、大きく分けて［図表3◆5］のように3つのパターンがあります。

この中でも、**「❸『融資期間』による信用毀損」**にはとくに注意が必要です。

高金利の地方銀行などでは、**法定耐用年数を超えた融資期間を設定**するところがあります。

RC造の法定耐用年数は47年ですが、これを超える60年で起算するわけです。

このように、独自の耐用年数を設定する高金利の地方銀行等は、法定耐用年数をベースに起算する一般的な金融機関より、13年も長く融資期間を設定できるのです。

その地方銀行が法定耐用年数を超える融資期間を設定したとしても、**ほかの金融機関から見れば明らかにルール違反（債務超過）**です。

融資期間を延ばせばキャッシュフローが増えますが、こういったケースは見せかけのキャッシュフローです。安易に飛びついてはいけません。

信用毀損を起こした場合、債務超過分を補完するだけの金融資産、ほかの不動産の担保余力などを金融機関に示さないかぎり、追加の融資は難しいでしょう。

繰り返しになりますが、不動産投資は金融機関ありきのビジネスであり、決められたルール・枠組みを守らないと痛い目に遭います。

[図表3◆5] 不動産投資における信用毀損の3パターン

❶「収益評価」による信用毀損（収益評価＜借入金）

利回りの低い物件や空室率の高い物件が該当。家賃収入から返済が困難と判断されるケース

❷「積算評価」による信用毀損（積算評価＜借入金）

債務者が返済不能となった場合、金融機関が抵当権を実行しても債権回収できないと判断されるケース

❸「融資期間」による信用毀損（法定耐用年数＜融資期間）

法定耐用年数を超えた期間で融資を受けたケース

［融資条件を見極める］のまとめ

☑ 返済方法は、初期段階では、返済額が一定で無理のない「元利均等返済」を選択すべき。

☑ 今後もその金融機関で融資を受ける可能性があるなら、金利交渉は慎重に。

☑ 金融商品の勧誘は基本的には断っても問題ないが、今後の融資を考えて、あえてつきあう戦略もある。

☑ 多少融資金利が高くても、目標とするキャッシュフローが得られるなら問題ないと考える。

☑ 法定耐用年数を超えた融資期間に気をつける。金融機関から「債務超過」状態と判断され、「信用毀損」を起こすことがある。

第4章

がっちり稼げる！賃貸経営の極意

【物件運営編】

満室をキープする不動産経営

Question 70

［質問頻度］★★★★★
［重要度］★★★★☆

人口は減少していきますが、満室経営はできますか？

A
人口はいきなり減るわけではありません。入居者に選ばれる不動産経営ができていれば、人口減少、少子高齢化でも満室経営を維持できます。

日本では、人口減少、少子高齢化が社会問題になっています。しかし私は、**賃貸経営にそれほど大きなインパクトはない**と考えています。

私がそう考えるのは、次のような理由からです。

理由

❶「1年後に人口が半分になるのか？」……→ならない

日本の人口が減少していくのは、紛れもない事実です。

しかし、人口は徐々に減っていくものであり、いきなり保有物件エリアの人口が半分になるわけではありません。どのような状況でも、**満室経営できる術は必ずあります**。

1年後に人口が半分になるわけではありません。予測では、60年も先のことです。

この間に**高稼働でキャッシュフローを獲得し、残債を減らしながら賃貸経営を続ける**ことができれば、大きなリスクはないでしょう。

私が購入した物件、保有している物件は、すべて地方所在です。

「将来推計人口・世帯数」（国立社会保障・人口問題研究所）でそのエリアのデータを見ると、目を覆いたくなるような人口減少率が列挙されています。不動産投資をはじめた5年前にくらべ、かなりの割合で減少している地域もあります。

しかし、私の所有物件は**人口減少が著しいエリアにおいても、満室に近い高稼働率**を誇っています。

人口の減少率と保有物件の稼働率は必ずしも比例するわけではないのです。そこに**「賃貸経営力」**というエッセンスが加わるからです。

理由❷「ライバルは誰なのか？」……→地主や資産家

そのエリアにおける、賃貸経営のライバルは誰だと思いますか？

同じような物件オーナーでしょうか？

いいえ。じつは、私たちのライバルは**地場の「地主・資産家」**です。

彼らはいわゆるお金持ちで、その多くが昔ながらの賃貸経営をしています。

「敷金・礼金は2ヵ月ずつほしい」「（築古でも）家賃は下げない」「入居者が決まったらリフォームする」などと、いまだにいっています。

彼らの優先事項はキャッシュフローの獲得ではなく、**節税対策としての土地活用**を目的に賃貸経営をしています。**真剣に経営に取り組む人はあまりいない**のが実情です。

こういった人たちに、私たち**本気の不動産投資家が負けるはずがない**のです。

これは、実際に地方で賃貸経営をしている私の経験と全国に点在する保有物件の管理をまかせている不動産会社十数社へのヒアリングから得た結論です。

おそらく今後もこの傾向が変わることはなく、賃貸経営においては勝ち組と負け組がより鮮明になるはずです。

Question 71

どうすれば満室状態をキープできますか？

［質問頻度］★★★★☆
［重要度］★★★☆☆

A

「❶家賃設定」「❷リフォーム」「❸広告料」「❹敷金・礼金」の4つをコントロールすることで、満室経営を実践しています。

満室にするための、特別な仕掛けはありません。

不動産オーナーとして**やるべきことをしていれば、自ずと満室になる**はずです。

具体的には、「❶家賃設定」「❷リフォーム」「❸広告料」「❹敷金・礼金」の4つをコントロールすること。匙加減は私の感覚ではなく、管理会社などから入念なヒアリングをしたうえで、費用対効果が最良となるように検討しながら進めています。

賃貸経営は、**お金をかけすぎてもNG、お金をまったくかけないのもNG**です。その見極めが大切なのです。

満室のための賃貸経営

❶家賃設定……→相場より低めに設定する

家賃設定は、満室経営の肝です。相場並みの賃料を設定することで、自然と埋まっていくはずです。

私の場合、**相場より若干低めの家賃を設定して競合物件との差別化**を図っています。これは**物件自体を安く購入しているからこそできる**強気の戦略です。物件を高値づかみしてしまうと、こういった戦略がとれなくなります。

❷リフォーム……→一定の基準を設け、バランスを考えて行う

物件自体の競争力、室内の状況などを総合的に見てリフォームの要否を決定します。リフォームする際は、次のようなコスト感覚で実施しています。

- ・原状回復程度…………@3000円／㎡（20㎡のシングルタイプであれば6万円）
- ・一般的なリフォーム……@6000円／㎡（20㎡のシングルタイプであれば12万円）
- ・フルリフォーム…………@9000円／㎡（20㎡のシングルタイプであれば18万円）

満室のための賃貸経営

❸広告料……→物件紹介の優先順位を上げてもらうために支払う

エリアの相場に応じて、広告料（AD：入居者を見つけた仲介会社に、オーナーが規定の仲介手数料以外に支払う報酬のこと）を決めます。

私の場合、**家賃の1～2ヵ月分**が大半です。空室の多い物件の場合、早期満室をめざし

て3ヵ月分にすることもあります。

満室のための賃貸経営

❹敷金・礼金……→ゼロゼロにして入居者のハードルを下げる

基本的には**「敷金ゼロ・礼金ゼロ」で募集**します。入居者の初期費用を下げて、より多くの需要を取り込むためです。

退去時の精算方法を決めておけば、敷金はゼロでも問題ありません。

Question 72

客付けに有利な設備を教えてください

［質問頻度］★★★☆☆
［重要度］★☆☆☆☆

A

客付けのための費用対効果が高い設備は、「インターネット無料設備」「デザイン性にすぐれた照明」などです。

たくさんの設備を導入すれば、間違いなく客付けは有利になります。

しかし、あれもこれもと流行りの設備をすべて導入していたら、賃貸経営は破綻してしまいます。

その設備によって、**どれくらい家賃アップが見込めるか、どれくらい空室損失を回避できるか、どれくらい訴求力があるか**といった、費用対効果をしっかり見極めなければなりません。

◆「インターネット無料設備」で入居者のコストを下げる

エアコンや温水洗浄便座の設置が当たり前になってきている昨今、競合物件との差別化をはかるなら、シングル向け、ファミリー向けともに、**インターネット無料設備の導入**がおすすめです。

入居者自身でインターネット回線を引くとなれば、**回線工事のイニシャルコストと通信料のランニングコスト**がかかります。そのため「インターネット無料」は、入居者の目には魅力的に映るのです。

当然、オーナーサイドに費用負担が生じますが、一部を家賃に転嫁したり、空室損失を回避できたりするのなら、費用対効果にすぐれた設備投資といえるのではないでしょうか。

私の場合、**競争力の弱いシングル物件**には、インターネット無料設備を導入することにしています。

◆「デザイン性にすぐれた照明」で部屋の雰囲気が一変

これまでさまざまな設備導入を実践してきた中で、入居者から評判がいい、コストパフォーマンスがいいと感じているのは、**照明の設置**です。

デザイン性にすぐれた照明を設置するだけで、部屋の雰囲気はガラリと変わります。

管理会社に照明設置を依頼すると料金が高いので、できれば自分で手配しましょう。

私がよくやる方法は、リフォームが終わるころ、職人さんに「照明の設置をサービスでお願いできませんか？」と依頼して、アマゾンや楽天で流行のシーリングライトなどを注文、発送先を職人さんにして送るというものです。

リフォームを発注しているので、断られることはまずありません。

［満室をキープする不動産経営］のまとめ

☑ 人口減少問題を不安視しすぎる必要はない。人口はいきなり減るわけではなく、入居者に選ばれる不動産経営ができていれば、人口減少、少子高齢化でも満室経営を維持できる。

☑ 満室状態をキープするためのポイントは、「❶家賃設定」「❷リフォーム」「❸広告料」「❹敷金・礼金」の4つをコントロールすること。

☑ 客付けのための費用対効果が高い設備は、「インターネット無料設備」「デザイン性にすぐれた照明」など。

管理会社を利用してラクラク経営

［質問頻度］★★☆☆☆
［重要度］★★★☆☆

Question 73

管理会社の選び方を教えてください

A

「客付けメインの兼業業者」と「管理メインの専業業者」があります。それぞれの得手・不得手を見抜き、エリアの特性や事情も考慮に入れながら、柔軟に選定しましょう。

管理会社候補となる不動産業者は、大別すると、**「❶客付店舗を保有し管理も行う兼業業者」**と**「❷管理をメインとする専業業者」**になります。

それぞれのメリット・デメリットを説明します。

メリット デメリット

❶客付店舗を保有し管理も行う「兼業業者」……→自社で優先して客付けしてくれる

客付けに強い傾向があり、フランチャイズに加盟している店舗も多くあります。メリットは、何といっても自社の管理物件に**優先して客付けをしてくれる**ところです。
その反面、仲介手数料や広告料ほしさに**情報をオープンにせず**、客付けに時間がかかってしまうのがデメリットです。

メリット
デメリット

❷管理をメインとする「専業業者」……→募集情報をオープンにしてくれる

管理報酬は稼働率に連動し、空室を減らすことが管理会社の利益になるので（管理報酬＝家賃収入×料率）、**オーナーと利害が一致している**点がメリットです。

客付けは他社（客付業者）に依頼するため、**募集情報をオープンにしてくれます**。

一方、周辺の客付業者などとの関係が良好でない場合、客付会社が動いてくれないなどの問題が生じ、稼働率にダイレクトに影響してしまうことがデメリットです。

管理会社を選定する際は、「エリアの特性・実情」に応じて選ぶ必要があります。

とくに地方都市では、**ある業者が圧倒的なシェアをもっている**（独占状態）、**2～3社でエリアを牛耳っている**（寡占状態）、といったことがよくあるため、地方の商慣習、業者同士の関係性などに配慮したうえで、選定することをおすすめします。

これらの情報は物件購入前の現地調査での業者ヒアリング（Q27〔98ページ〕参照）で、あらかじめ把握しておくことをおすすめします。

ヒアリングでおおよその力量を知ることができるので、**このとき管理会社の目星をつけてしまえば、購入後にあわてずに済みます。**

Question 74 遠隔地の地方物件でも運営は可能ですか？

[質問頻度]★★★★☆
[重要度]★★★★★

A

物件管理のプロである管理会社にまかせておけば、遠隔地の地方物件でもまったく問題ありません。

前述のとおり、私の保有物件のほとんどは地方所在です。東京在住の私が実際の賃貸業務をこなすのは不可能です。

以前、「物件は自宅付近がいい」「車で2時間以内に行ける距離がいい」といったアドバイスを受けたことがあります。しかし、実際に遠隔地の物件を運営してみた結果、**場所は関係ない**と感じました。

不動産投資家としては、保有物件が「満室」で賃貸経営ができていれば、それでいいのです。

物件が遠かろうが近かろうが、オーナーが頻繁に足を運ぶ必要はありません。

私の場合、購入後一度も現地に足を運んでいない物件すらあります。何らかの問題が生じたとき、オーナー自ら現地に駆けつけても、問題が解決することは少ないからです。**問題が生じたときは、管理会社が対応**してくれます。管理会社は物件管理のプロですから、基本的にはどのような問題にも対応できるノウハウやスキルをもっています。

以前、ある物件が台風被害によって部屋中水浸しになってしまったことがありましたが、このときも管理会社が迅速に対応してくれました。

管理会社から被害報告・対策提案を受け、私は経営者として指示を出しただけです。入居者の一時避難のためのホテル予約、リフォーム業者への修繕手配、保険会社への保険金請求の準備などを管理会社にまかせ、ことなきを得ました。

このような場合、オーナーである私が水浸しの部屋に駆けつけたところで何ができるでしょうか？

入居者（お客様）のためにも、**対応は管理会社（プロ）にまかせるべき**なのです。

Question 75

管理委託で気をつけることはありますか？

［質問頻度］★★☆☆☆
［重要度］★★★★☆

A

満室経営、経費削減のために、「オーナーの他社営業」「リフォームの自主発注」などを認めてくれる柔軟な業者を選びましょう。

私は、**次の2つを認めてくれる不動産業者としか管理委託契約をしません。**これらは安定した賃貸経営を続けるために非常に重要なポイントだからです。

条件 ❶賃貸需要を逃さないための「オーナーの他社営業」

不動産業者の中には、物件情報をオープンにしたがらないところもあります。仲介手数料、広告料を自社でとりたいからです。

「満室至上主義」である私は、少しでも賃貸需要を逃したくありません。ですから、物件を売り込み、**客付けをしてくれる不動産業者をひとつでも増やしたい**のです。

オーナーの他社営業をよしとしない業者もあるため、これを認めてくれるところと組むことにしています。

情報をオープンにしてくれる業者でも、やりとりはメールやFAXでされるため、自分の物件が他物件の募集情報に埋もれてしまうことが多いものです。

実際に客付業者に出向いて客付依頼をすることで、**オーナーとして認知してもらい、物件情報も頭に入れてもらえるため、満室までの時間が短縮**できます。

条件

❷経費削減のための「リフォームの自主発注」

私の場合、保有物件のすべてのリフォームは**良心的な料金の業者に自主発注**しています。

管理を請け負う不動産会社の中には「管理業務、リフォーム、客付けなど、物件の維持管理に関する一切の業務は当社以外への依頼はできない」といったことを条件（賃貸管理のパッケージ化）としているところもあります。

いうまでもありませんが、管理会社が行うすべての業務には、管理会社の利益が乗せられるため、割高になります。**リフォーム費はその最たるもの**で、自主発注した場合とくらべて、倍くらいの料金を請求してくる業者もあります。

リフォーム費は、経費の中でも徹底的に削るべき部分です。人まかせにしていては、利益は残りません。

Question 76

管理会社といい関係が築けず、困っています

［質問頻度］★★★☆☆
［重要度］★★★★☆

A

「提案に耳を貸さない」「威張る」「ケチ」「判断が遅い」など、管理会社から嫌われる行動をとっていないか、確認しましょう。

管理会社との関係性は、物件の稼働率に直結します。すなわち、管理会社と良好なコミュニケーションを築くことが、賃貸経営を成功させるカギとなるのです。

管理会社の担当者から「こんな物件オーナーとはつきあいたくない」という話をこっそり教えてもらったことがあります。次のような行動をとっていないか、みなさんもチェックしてみてください。

ダメオーナー

❶提案をまったく聞かない

管理会社からの提案をすべて聞く必要はありませんが、まったく聞かない物件オーナーは嫌われます。管理会社は自社利益を増やし、客付けをラクにするためにさまざまな提案をしてきますが、**空室対策案**など、なかには受けておいたほうがいいものもあります。

管理会社とはウィンウィンの関係性を構築すべきです。時には**管理会社の利益にも配慮**

しつつ、**提案を受け入れる姿勢**が大切です。

ダメオーナー

❷自分は物件オーナーだと威張る

偉そうな態度をとるのは、時代錯誤の物件オーナーです。

いまはどこのエリアでも、賃貸物件は過剰供給気味です。どの物件に客付けをするかは管理会社の裁量で決まるため、**オーナー側が管理会社を「お客様扱い」する**くらいの気持ちでないとうまくいきません。

ダメオーナー

❸金払いが悪く、やたら値切る

「管理費をまけてくれ」「仲介手数料をまけてくれ」「入居者が決まってからリフォームをする」など、**金払いの悪いケチな物件オーナー**は嫌われます。

ダメオーナー

❹判断が遅く、返信もしない

有利な提案や相談をしても、なかなか判断できない物件オーナーが多いそうです。加えて、**電話やメールで連絡しても、折り返しがまったくない人もいる**ようです。

社会人として最低限のマナーも守れないようでは、管理会社といい関係が築けるはずがありません。

［管理会社を利用してラクラク経営］のまとめ

☑ 「客付けメインの兼業業者」と「管理メインの専業業者」がある。それぞれの得手・不得手を見抜き、エリアの特性や事情も考慮に入れながら、柔軟に選定する。

☑ 遠隔地の地方物件であっても、物件管理のプロである管理会社にまかせておけば、運営はまったく問題ない。

☑ 満室経営、経費削減のために、「オーナーの他社営業」「リフォームの自主発注」などを認めてくれる柔軟な業者を選ぶ。

☑ 「提案に耳を貸さない」「威張る」「ケチ」「判断が遅い」など、管理会社から嫌われる行動をとっていないか、確認しよう。

リフォームは費用対効果がカギ！

Question 77

リフォーム業者はどうやって探すべきですか？

[質問頻度]★★★☆☆
[重要度]★★★★☆

A ▼ **紹介ルートがあればいいですが、なければタウンページを使って、割安で腕のいいリフォーム業者を探します。**

地方物件の場合、知らない土地で物件を購入することになります。そのため、リフォーム業者は物件購入の都度、探すことになります。

リフォーム業者を探すには、**「他者からの紹介」「自分で開拓」**という2つの方法があります。それぞれのポイントを紹介します。

業者探し

❶他者からの紹介……→安心できるが、管理会社の紹介は避ける

リフォーム業者の質の見極めは非常に難しいもの。**良心的な料金、一定のクオリティ、**

納期厳守をクリアする業者を探すのは困難を極めます。

そこで最も安心できる方法は、やはり他者からの紹介です。

他者とは、そのエリアを知る知人・友人、不動産業者、つきあいのできた他業種の業者（ガス会社など）です。

ただし、管理会社に紹介を頼んではいけません。管理会社にとってオーナーからのリフォーム工事の受注は収益源のひとつだからです。

物件オーナー→管理会社→工務店という流れでリフォーム工事が発注されますが、管理会社は間に入ることで中間マージンをとるため割高になります。

業者探し

❷自分で開拓……→タウンページで、割安で腕のいい業者を探す

紹介ルートがなければ、自分でリフォーム業者を見つけるしかありません。

私の場合は、アナログな方法ですが**「タウンページ」で地場のリフォーム業者を探します**。タウンページでいくつかの業者に目星をつけ、電話して開拓するのです。

インターネット時代に「なぜタウンページ？」と思うかもしれませんが、これには理由があります。

リフォーム業者にかぎった話ではありませんが、インターネット広告にはお金がかかります。さらにその業者が店舗展開していれば、人件費や家賃などのコストが発生します。

こういった業者の間接コストが、私たちが発注する壁紙1枚、幅木1本に乗せられるのです。こういった業者に仕事を発注しても、割高になるだけです。

ねらい目は、**インターネット広告も出さず、店舗展開もしていないひとり親方、家族経営でやっているような小さな工務店**です。

ただし、安かろう悪かろうでは意味がありませんので、電話で料金・クオリティ・納期について入念にヒアリングします。

力量がわかりにくいこともありますが、知識と経験を積みながらヒアリングを繰り返すことで、ある程度、見抜けるようになります。

Question 78 都市ガスとプロパンガスでは、どちらがいいですか？

[質問頻度] ★★☆☆☆
[重要度] ★★★☆☆

A 料金事情は地域によって違うので、管理会社に聞いて切り替えを検討しましょう。また、「プロパンガス業者」のサービスはあなどれません。

収益物件を検索する際、構造・築年数・利回りなどの重要項目をチェックしたあと、次に目がいくのは**「ガス設備」欄**です。**都市ガスとプロパンガスでは収益性が大きく変わる**ため、物件選定では非常に重要なファクターなのです。

場合によってはガスの切り替えも検討しましょう。ガスの切り替えは、次の2つのパターンが考えられます。

ガスの切り替え

❶都市ガスからプロパンガスへ……→料金の安さで選ぶ

一般的には「都市ガス＝安い」「プロパンガス＝高い」というイメージがあります。しかし、じつは**地域によって、実情はまちまち**です。管理会社に事情をヒアリングしてみてください。

私は都市ガス物件を2つ（A物件・B物件）保有していましたが、プロパンガスへの切り替えをそれぞれの管理会社に相談したことがありました。

A物件の管理会社「この地域では都市ガスが安いというイメージはなく、実際にプロパンガスと料金もそれほど変わりません。都市ガスより安いプロパンガスもあるので、プロパンガスに切り替えても問題ないですよ」

B物件の管理会社「この地域では都市ガスでないと客付けができません。料金の高いプロパンガスだと家賃を下げても決まらないこともあります。客付けに悪影響が出ますから、プロパンガスへの切り替えはやめたほうがいいですよ」

このアドバイスから、A物件はプロパンガスへ切り替え、B物件は都市ガスのままとしました。

ガスの切り替え

❷既存プロパンガスから別のプロパンガスへ……→サービス内容で選ぶ

プロパンガス業者が、ガス供給契約を締結する見返りとして、さまざまなサービスを提供してくれることがあります（**給湯器、エアコン、温水洗浄便座の設置**など）。

サービス内容が充実していて、積極的なプロパンガス業者があれば、そういった業者に切り替えることをおすすめします。既存ガス業者も他社に顧客を奪われたくない一心で、さまざまな引き留め工作、サービス内容の提示をしてくるかもしれません。

Question 79

プロパンガス業者からサービスを受けるとき、注意すべきことはありますか？

［質問頻度］★★☆☆☆
［重要度］★★★☆☆

A

プロパンガス業者から過剰なサービスを受けないことが大切です。また、相場並みのガス料金の設定を約束してもらいましょう。

物件オーナーが受けるサービス分がプロパンガス料金に大きく転嫁されると、入居者が都市ガスやほかのプロパンガスより割高な料金を支払うことになります。このことから入居者からクレームが出たり、最悪の場合退去につながったりすることもあります。

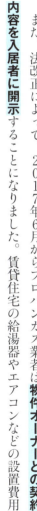

これを回避するためには、

- **ガス業者から過剰なサービスを受けないこと**
- **契約の段階で、相場並みのガス料金で供給することを約束してもらうこと**

の2点に気を配りましょう。

また、法改正によって、2017年6月からプロパンガス業者は**物件オーナーとの契約内容を入居者に開示**することになりました。賃貸住宅の給湯器やエアコンなどの設置費用をガス業者が負担し、入居者が支払うガス料金に転嫁する場合、これを入居者に説明し、料金明細に明記することが義務づけられたというわけです。

今後は、ガス供給契約の内容、ガス業者負担による設置設備などについてはガラス張りになっていくでしょう。ガス業者からサービスを受ける物件オーナーにとって他人事ではなくなってきています。

Question 80

セルフリフォームで経費削減すべきでしょうか？

[質問頻度] ★★★★☆
[重要度] ★★☆☆☆

A

リフォームはプロに頼んだほうが効率的です。セルフリフォームにあてる時間があるなら、経営に専念しましょう。

セルフリフォームやDIYが好きで、ぜひ自分でやりたいというなら、それでもいいでしょう。

私の場合、**アウトソース**が基本なので、セルフリフォームはやりません。というより、経営者としてやるべきではないと考えています。

なぜなら、**「自分の給料（時給）はいくらなのか？」**と考えたとき、リフォームに費やす時間は割に合わないと考えているからです。とくに手間のかかるリフォームなどは、**あえて自分でやることで、注力すべき仕事が疎かになる**可能性があります。

経営者が貴重な時間を使って壁紙を貼ることがベストの選択なのか、費用対効果はどうか、という視点で考える必要があります。

不動産投資家の仕事は、物件取得、金融機関開拓、そして利益を最大化させる仕組みを考えることです。**他者にまかせられる仕事はまかせ、不動産投資家は「経営」に専念した**ほうが、利益率が向上し、規模拡大のスピードも格段に上がるはずです。

リフォームは**プロの職人や工務店に頼んだほうが早く、仕上がりがいい**のはいうまでもありません。短期間で仕上げてもらうことで**空室損失を最小化**することができますし、仕上がりのよさが**入居者満足**にもつながります。

［リフォームは費用対効果がカギ！］のまとめ

☑ リフォーム業者は紹介ルートがあればいいが、なければタウンページを使って、割安で腕のいい業者を探す。

☑ 都市ガスとプロパンガスの料金事情は地域によって違うので、管理会社に聞いて切り替えを検討する。

☑ 「プロパンガス業者」のサービスはあなどれないが、過剰なサービスを受けないこと。また、相場並みのガス料金の設定を約束してもらう。

☑ リフォームはプロに頼んだほうが効率的。セルフリフォームにあてる時間があるなら、経営に専念する。

賃貸経営を助けてくれる保証・保険

［質問頻度］★★☆☆☆
［重要度］★★☆☆☆

Question 81

入居者には家賃保証会社に加入してもらったほうがいいですか？

A

オーナー側も入居者側も、家賃保証会社を利用するメリットは大きいので、ぜひ加入してもらうべきです。

私は保有物件のすべてで、家賃保証会社への加入を義務づけています。

家賃保証会社のサービスは、賃貸借契約の際の連帯保証人に代わり、第三者が手数料を得て連帯保証人となるというものです。

家賃保証会社のメリット・デメリットは、それぞれ［図表4◆1］のようなものです。

ちなみに、保証料は、保証会社や物件タイプによりまちまちですが、相場としては**月額支払家賃の30～100％程度**です。

本書を執筆している現在、私のある物件の家賃滞納者を退去させるべく、訴訟提起の準備をしています。この準備をしているのは私ではなく、家賃保証会社の顧問弁護士です。

訴訟を提起して退去させるまでには、多くの時間・費用を要しますが、すべて保証会社負担でやってくれているのです。

私は、弁護士から送られてくる書類や委任状にサインするだけです。**訴訟期間中の不払家賃も保証会社が負担してくれます**。

家賃保証会社は家賃滞納などのトラブルに対応してくれるため、物件オー

［図表4◆1］家賃保証会社のメリット・デメリット

●家賃保証会社を利用するメリット

［物件オーナー側］
・家賃収入の保証によって賃貸事業の安定性が確保できる
・家賃滞納に対する督促などの煩雑な手続きを代行してもらえる

［入居者側］
・連帯保証人がいなくても契約できる
・属性に問題があっても審査に通りやすい

●家賃保証会社を利用するデメリット

［物件オーナー側］
・家賃保証会社が倒産するリスク（大きな損失にはならない）

［入居者側］
・入居時に家賃保証会社へ保証料を支払わなければならない

ナー側のメリットは大きいです。

一方、初期費用を抑えたい入居者にとっては、保証料の支払いが難しいケースも出てきます。このようなときは（物件の稼働状況にもよりますが）、**オーナーである私が保証料を負担する**こともあります。たとえ自分が保証料を支払ってでも、享受できるメリットが大きいからです。

Question 82

保険代理店はどうやって選べばいいでしょうか？

［質問頻度］★★☆☆☆
［重要度］★★★☆☆

A

選択肢や条件に差はないので、保険代理店はどこでもいいでしょう。保険料や保険内容については、十分検討します。


火災保険や地震保険などの保険代理店を選ぶ際は、「代理店の得意分野を見極める」「知識があり経験豊富な代理店を選ぶ」といったアドバイスを受けることが多いと思います。

私も当初、このようなアドバイスに従って保険代理店を探していました。

しかしながら、収益物件で加入する火災保険や地震保険、その他のオプションにそれほど選択肢があるわけではありません。また、特別な保険の知識も不要です。なので、条件が合えば、どこでもいいでしょう。私は、次の手順で保険に加入しています。

❶**複数の保険会社の見積り**を作成してくれる保険代理店に見積りを依頼する
❷**支払限度額（保険金額）は融資金額に設定する**
※支払保険料を下げるため、評価額が高い物件は約定付保割合*で保険金額を設定
❸**特約等についてはフルオプションで加入する**
❹**支払保険料、オプションの内容、保険会社の規模等について総合的に判断**し、加入する保険を決定する

＊約定付保割合とは、建物評価額にかける保険割合のこと。たとえば、建物評価額（保険金額）が5000万円だった場合、約定割合を80％とすると、実質的に4000万円分の保険をかけているということになる

Question 83

保険金の請求は、どうすればいいのですか？

［質問頻度］★★☆☆☆
［重要度］★★★★☆

A

保険会社への保険金の請求は、自分でも簡単にできます。保険金請求を請け負い、成功報酬を求めるような業者を利用する必要はありません。

一般的に、「保険金請求は保険代理店を通してするもの」と思っている人が多いでしょう。

私もそうでした。

保有物件で何か（保険金請求ができる事故など）あったときは、保険のプロである代理店を通して、保険会社に保険金請求をしてもらおうと考えていたのです。

しかし、代理店の立場に立ってみると、保険契約を獲得したときには保険会社から手数料が入りますが、保険金請求のサポートは利益になりません。こういった利益構造で、代理店がどれほど真剣に保険金請求に取り組んでくれるかは、少々疑問です。

このように考える私は、**保険金請求を自分でしています**。手続きは難しくありません。

たとえば、台風による漏水被害があったときは、

❶保険会社の事故受付センターに電話をして、被害日時や被害状況を伝える

❷保険会社から申請用の書類が送られてくる
❸送られてきた**書類に必要事項を記載し、求められる書類（修繕見積書、被害箇所の写真等）を添付して返送**する

という手順でやります。たったこれだけです。

この保険金請求に目をつけたビジネスがあります。保険金請求をサポートする代わりに、そのサポートをした業者などが成功報酬を求めるというものです。

保険代理店のなかには、その関連会社に保険金請求をサポートさせ、加入者が取得した保険金の一部を成功報酬として受け取るパターン、工務店のなかには、取得する保険金の範囲内でその工務店が修繕工事を請け負うといったパターンがあります。

繰り返しになりますが、**自分自身で保険金請求することは可能**です。このように成功報酬を要求する業者にまかせる必要はありません。

［賃貸経営を助けてくれる保証・保険］のまとめ

☑ 家賃保証会社への加入は、オーナー側にも入居者側にもメリットが大きいので、入居者には必ず加入してもらう。

☑ 選択肢や条件に差はないので、保険代理店はどこでもいい。保険料や保険内容については、十分検討する。

☑ 保険会社への保険金請求は、自分でも簡単にできる。業者を利用する必要はない。

入居者への不安はこう解消する！

Question 84

外国人や生活保護受給者を入居させても大丈夫ですか？

[質問頻度] ★★★☆☆
[重要度] ★★★☆☆

A

場合によっては、外国人や生活保護受給者は積極的に受け入れるべきです。多少のリスクはありますが、空室対策としてありがたい存在でもあります。

「外国人・生活保護受給者はお断り」と敬遠している物件オーナーも多いようです。その理由は、**家賃滞納リスク、近隣トラブル、生活習慣の違い**などでしょう。

これは、非常にもったいないことだと思います。

私はこういった人たちを積極的に受け入れています。意外と、**家賃滞納や近隣トラブルなどの問題は少ない**ものです。逆に、属性に問題がない入居者のほうが、このような問題を起こす割合が高い印象です。

外国人や生活保護受給者の中には、「ここを追い出されたら次に行くところがない」と不安を抱えている人もいます。私の物件に入居してくれているこれらの人たちは、家賃は真面目に払ってくれますし、周囲に迷惑をかけるようなこともありません。

私は地方物件ばかりを所有しているため、空室対策として戦略的にこういった人たちを受け入れているという面もあります。**属性に問題のない入居者ばかりをねらっていては、地方での不動産投資は成り立たない**という現実があるのです。

幸い私はトラブルに巻き込まれたことはありませんが、受け入れにはやはり、**家賃滞納、犯罪、孤独死、近隣トラブル、夜逃げ**などのリスクがともないます。**受け入れによるリスクとリターン**について、あらかじめ検討しておきましょう。

Question 85

入居者が室内で自殺したらどうすればいいのですか？

［質問頻度］★★☆☆☆

［重要度］★★★☆☆

A 入居者の自殺があると「心理的瑕疵物件」となり、さまざまな不利益が生じます。完全には防げませんが、あらかじめ対策を打っておきましょう。

入居者の「死」については、物件オーナーとしてはいずれ経験するものだと考えておいたほうがいいでしょう。

しかしながら、物件価値を大きく毀損する室内での自殺は勘弁してほしいものです。室内で自殺されてしまうと**「心理的瑕疵物件」として扱われ、次の客付けにも、売却にも、非常に不利になります**。

入居者の自殺問題に関しては、次の3つの対策が考えられます。

対策❶「室内での自殺によるデメリット」を入居者に説明

入居前の契約時に管理会社から入居者へ「室内および建物敷地内で自殺・他殺・事件等を起こした場合、**所有者から遺族・保証人に損害賠償請求することがある**」と説明してもらいます。賃貸借契約書の特約にも追記します。

どこまで抑止効果があるかわかりませんが、「室内で自殺したら遺族に迷惑がかかる」ということを入居者に認識させることで、未然に防ごうというわけです。

対策❷「管理会社の対処方法」を事前に確認・相談しておく

入居者の「死」は、自殺だけではありません。自然死、孤独死、他殺なども考えられます。

これらについても起こってからではなく、**「起こったらどう対処するか」**をあらかじめ考えておきます。

管理戸数の多い管理会社であれば、入居者の死に関する経験があるはずです。**入居者の死に際しての対処法をあらかじめ管理会社に確認・相談**しておきます。

対策

❸割高だが「保険商品」で対応することもできる

自殺や孤独死に対応する保険商品もあります。「入居者の死からオーナーを守る」などとうたわれています。

しかし、**私は一切加入していません**。保険料が高額で、リスクにリターンが見合わないからです。

［入居者への不安はこう解解消する！］のまとめ

- ☑ 場合によって、外国人や生活保護受給者は積極的に受け入れるべき。多少のリスクはあるが、空室対策としてありがたい存在といえる。
- ☑ 入居者の自殺があると「心理的瑕疵物件」となり、さまざまな不利益が生じる。完全に防ぐことはできないが、あらかじめ対策を打っておく。

税理士との賢いおつきあい

Question 86

税務面は税理士にまかせておけば大丈夫ですか?

A

税務面をすべて税理士にまかせきりにしてはいけません。節税対策など、私たち投資家も最低限の税務知識を身につける必要があります。

[質問頻度] ★★★★☆

[重要度] ★★★☆☆

不動産投資はある意味、**「税金との戦い」**です。「顧問税理士にまかせておけば、節税を含め税務関係は安心」と思いがちですが、それは誤った認識です。

多くのクライアントを抱える税理士事務所は多忙を極めるため、相場並みの報酬では対応できないのが実情でしょう。

相場並みの報酬で顧問を依頼した場合、確定申告に必要な一連の作業を代行してもらえるだけです。電話や面談で相談に応じてくれることもありますが、聞かれたことに答えるだけで、**「税理士が積極的なアドバイスをくれる」という期待はしないほうがいい**でしょう。

また、税理士は常に「クライアントの節税に協力してくれる味方」だと思い込んでいる人がいますが、これも誤った認識といえます。

税理士の仕事は**「クライアントの税務処理を適正に行い、代理で申告すること」**です。

意外に思うかもしれませんが、税理士は税務署と納税者との間で中立的な立場をとらなければなりません。税務署を敵に回したくないというのが本音ですから、**クライアントの無茶な要求や節税対策には消極的**なのです。

節税対策は自分で勉強して実践しましょう。成功している不動産投資家はみなさんそうしています。

Question 87 不動産投資に強い税理士を見つける方法はありますか？

[質問頻度] ★★☆☆☆
[重要度] ★★☆☆☆

A

すべての税理士が不動産投資に強いわけではありません。力量を見抜くには、不動産投資についての質問やホームページのチェックなどが有効です。

税理士を含め士業というものは、得意分野がかたよっています。

不動産投資に強い税理士を見つける方法には、次の3つが考えられます。

税理士探し

❶不動産投資を実践している人に「紹介」してもらう

これが最良の方法です。実際に不動産投資をしている人が仕事ぶりに納得している税理士なら問題はありません。

税理士探し

❷不動産投資に関する「質問」をしてみる

税理士の力量を見抜くために、面談時に次の質問をぶつけてみましょう。スラスラと回答できれば、実力があると見ていいでしょう。

・「不動産投資家のクライアントはどれくらいおもちですか?」

……→嘘のない回答が前提ですが、**クライアントの数**である程度の実力は測れます

・「このあたりで不動産投資に積極的な銀行はどこですか? 融資条件もご存じですか?」

……→不動産投資家を多く抱える税理士は、**金融機関の動向にも敏感**です

・「物件購入時の土地建物割合で、建物割合を高くする方法とメリット・デメリットを教えてください」
……→**減価償却費（保有時・売却時の影響）、消費税還付などの明確な説明**があれば合格です

税理士探し

❸「ホームページやSNS」をチェックしてみる

最近は税理士事務所も競争が激化しており、クライアントの新規開拓のためにホームページやブログ、SNSで一般的な税金の話や節税方法をわかりやすく解説・発信している税理士事務所もあります。

これらの内容をチェックすることで、税理士の力量を推し測ることもできます。

［税理士との賢いおつきあい］のまとめ

☑ 税務面をすべて税理士にまかせきりにしてはいけない。節税対策など、私たち投資家も最低限の税務知識を身につける必要がある。

☑ すべての税理士が不動産投資に強いわけではない。力量を見抜くには、不動産投資についての質問やホームページのチェックなどが有効。

第5章

投資の成否を分ける物件の手放し方

【出口戦略編】

投資を完全成功に導く出口戦略

Question 88

不動産投資の「出口」にはどのような手段がありますか？

［質問頻度］★★★★☆
［重要度］★★☆☆☆

A

不動産投資の最もオーソドックスな出口戦略は「売却」です。ほかには「更地売却」「スクラップ&ビルド」「更地有効活用」が考えられます。

出口戦略をどう描くかで、不動産投資の成否が決まります。出口としては主に次の4つのパターンが考えられます。

パターン

❶売却

物件を売却し、売却益を得る方法です。

保有期間中のキャッシュフローと売却益が残債（フルローン融資の場合）を上回っていれば、その投資は成功といえるでしょう。

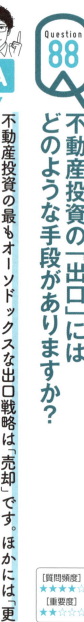

なお、売却物件を購入しようとする人のほとんどは、融資を利用します。**売却のタイミング、物件の残存年数など、次の買主が融資を受けやすいかも考慮**に入れましょう。

パターン
❷更地売却

既存建物を取り壊し、更地にして売却する方法です。

住宅地であれば、**戸建分譲地**としてデベロッパーに売却できる可能性があります。**既存建物のキャッシュフロー、建物解体費用、更地売却価格などを総合的に考慮**します。

パターン
❸スクラップ&ビルド

既存建物を取り壊し、**新しい建物**を建てて収益を得る方法です。**既存建物のキャッシュフロー、建物解体費用、新築建物の建築費とキャッシュフローなどを総合的に考慮**します。

パターン
❹更地有効活用

既存建物を取り壊し、**その土地を有効活用**する方法です。**立地がよければ、土地を第三者に賃貸することで、地代（収益）を得る**ことができます。

Question 89

少しでも高値で売却する方法があれば教えてください

［質問頻度］★★★★☆
［重要度］★★★★★

A

高値で売却する最大の秘訣は、購入時に「物件を安く仕込むこと」。売却時は「満室にする」「共用部分の維持管理」「売却のタイミングを見極める」を意識することがポイントです。

不動産は購入したときの価値がピークで、その後徐々に下がり、売却価格は購入価格を下回るのが一般的です。

しかし、「物件を安く仕込むこと」によって、**売却価格が購入価格を上回らなければ意味がない**と、私は考えています。

安く仕込むことができれば、保有期間中は高利回りで収益を生んでくれますし、売却したときは売却益まで生んでくれます。いわば**購入時に勝負は決まっている**といっても過言ではないのです。

ただし、こういってしまうと身も蓋もないので、少しでも高値で売却するための3つのポイントを紹介します。

ポイント

❶満室にする……→「買いやすい」「融資しやすい」物件になる

買い手にとって「買いやすい物件」にしておきます。言い換えれば、金融機関が融資しやすい物件ということです。それが**「満室にすること」**です。

金融機関はそのときの稼働率をもとに物件を評価するため、空室はマイナス要因以外のなにものでもありません。売却時は徹底的に満室にこだわってください。

ポイント

❷共用部分の維持管理……→「買主の印象」がよくなる

買主が現地を視察に来たときに、劣化などにより外壁や共用部分が汚れていると、修繕費用が必要ということで、買主から指値が入る場合があります。

これを避けるためにも、**共用部分の清掃などを徹底し、維持管理の状態をよくしておく**ことが大切です。なお、外壁塗装などの大規模修繕については、費用対効果をよく考えてから実施してください。

ポイント

❸売却のタイミングを見極める……→「不動産価格が高騰する」時期をねらう

不動産価格は金融機関の融資姿勢に大きく左右されます（Q6〔39ページ〕参照）。**融資が積極的なときは不動産価格が高騰する**ので、そのタイミングを見極めて売却すべきです。

Question 90

売却に踏み切る際に指標のようなものはありますか？

［質問頻度］★★★☆☆
［重要度］★★☆☆☆

A

諸費用を含めた初期投資額の120％以上で売れることをひとつの指標として、売却の意思決定をしています。

私は原則としてキャッシュフローを重視していますが、常に売却も意識しています。

なぜなら、**売却益を得ることで金融資産を増やせる**からです。

ここ数年で、比較的規模の小さい物件、レバレッジのあまり効いていない物件（返済が進んでいる物件、現金で購入した物件など）を中心に売却活動を進めてきました。

会社員属性がなくなったいま、金融機関から融資を受けつづけるためには、

❶優秀な経営実績を見せること
❷少しでも多くの金融資産をもつこと

が、最も重要な課題になります。

これまで数棟の収益物件を売却しましたが、**すべて売却額は初期投資額の120％以上**

でした。

120％という数字は感覚的なものではありますが、「さまざまなリスクを背負いながら、物件を購入・運営（または再生）してきたのだから、最低でも20％くらいの利益はほしい」と考えているからです。

もちろん、保有期間中は家賃収入によってキャッシュフローを得ていますし、ローン返済は進んでいるので、**実際のトータルの利益は20％を大きく超えます**。

参考までに、これまで売却してきたいくつかの物件の利益を［図表5◆1］で紹介します。

［図表5◆1］過去の売却物件例

売却時期	①購入価格	②売却価格	③売却益（②－①）	④指標（②/①）
❶2016.3	4,000万円	8,000万円	4,000万円	200%
❷2017.8	1,300万円	3,200万円	1,900万円	246%
❸2017.9	2,300万円	5,300万円	3,000万円	230%
❹2017.12	3,200万円	4,400万円	1,200万円	138%
❺2018.6	6,000万円	7,500万円	1,500万円	125%

Question 91

売却活動のときに気をつけることは何ですか？

［質問頻度］★★★☆☆
［重要度］★★★★☆

A

「保有物件に愛着をもたないこと」と「タイミングを見極めること」が、売却時には重要です。

とくに新築物件オーナーに多いのですが、「土地検索→資金計画→建築会社選定→建物プランニング→工事準備→着工→入居者募集→完成」といった多くのステップを踏んでいるせいか、**保有物件にわが子のような愛着をもってしまいがち**です。

保有物件に愛着をもってしまうと、**利益が最大化する適正なタイミングでの出口戦略を描けなくなります**。

気持ちは理解できますが、物件に愛着をもってしまうと適正な投資判断ができなくなります。**利益が最大化する売却のタイミングを逃したり、不要な設備投資をしたり**と、周囲を見渡しても投資判断のミスが目立ちます。

じつは私自身、物件への愛着から、適切な投資判断ができなかったことがあります。私が犯したミスは「売却時期」でした。

〔図表5◆1〕の❸の物件について、❶の物件と同時期（2016年3月）に売却しようと悩んだのですが、投資初期に購入した物件で思い入れが強かったため、売却を見送りました。

このとき複数の不動産業者に査定してもらったのですが、5800万〜6500万円といった査定価格でした。

この価格で売却できていれば、売却益は3500万〜4200万円。

実際の売却益は3000万円ですから、**500万〜1200万円もの利益を逃した**ことになります。

この物件を売却したのが2017年9月ですから、わずか1年半でこれだけの差が出てしまったのです。保有期間を延ばした分、キャッシュフローは得られましたが、売却益の差額にくらべればわずかなものです。

金融機関の融資姿勢・融資基準は刻々と変化しますから、売却のタイミングは非常に重要です。

私のような判断ミスをすることのないよう、金融機関の融資が積極的な時期に合わせて、売却活動をすることをおすすめします。

［投資を完全成功に導く出口戦略］のまとめ

- 不動産投資の最もオーソドックスな出口戦略は「売却」。ほかには「更地売却」「スクラップ&ビルド」「更地有効活用」が考えられる。
- 高値で売却する最大の秘訣は、購入時に「物件を安く仕込むこと」。売却時には「満室にする」「共用部分の維持管理」「売却のタイミングを見極める」といったことがポイントとなる。
- 売却の意思決定の目安は、諸費用を含めた初期投資額の120％以上で売れること（これを実現するには「安値で仕込むこと」が必須）。
- 売却活動では、「保有物件に愛着をもたないこと」と「タイミングを見極めること」が重要。

第6章

真の不動産投資家になるための心の鍛え方

【マインドセット編】

不動産投資家としての資質を磨く

Question 92

真の不動産投資家になるために、常に考えていなければいけないことは何ですか？

［質問頻度］
★★★☆☆
［重要度］
★★★★★

A

セルフイメージを変え、投資家脳をつくることです。

不動産投資というと「ファイナンスに関する知識」や「お宝物件の入手方法」など、小手先のテクニックがもてはやされます。

こういったノウハウやテクニックを身につけるのも重要ですが、成功するためには、**「セルフイメージ」を変える**ことが非常に重要です。

収益物件を購入する、購入スピードを上げる、数億、数十億円単位の借金をするというのは、セルフイメージが「サラリーマン」のままでは難しいです。

つまり、**「サラリーマンである自分」から「投資家である自分」に変えることができる**

かどうか、ということです。

不動産投資をはじめる前、私は当然ながら「サラリーマン脳」の人間でした。**他者につかえ、自分の時間や労働力を切り売りして収入を得る術しか知りませんでした**。

私だけでなく、これが一般的な会社員の姿でしょう。

私のようにごく普通の人間が不動産投資で成功するためには、「セルフイメージ」を変えて**「サラリーマン脳」を「投資家脳」へと変換し、投資家の考え方、発想、行動にスイッチ**しなければなりません。

人間は、現状に甘んじたほうがラクなものです。

長年慣れ親しんできたコンフォートゾーン（居心地のいい場所）から抜け出すことは、かなり大変な作業で、勇気が必要です。

しかし、自分を大きく変えることができなければ、成功することはできません。

私のまわりでも、不動産投資の可能性に気づきながらセルフイメージを変えることができず、断念した人がたくさんいます。

私も長年サラリーマンをやってきましたから、セルフイメージを変換するのは本当に大変でした。いまでもちょっと油断すると、サラリーマン時代の私が顔を覗かせます。

いかにサラリーマン脳から脱却し、投資家としての考え方ができるようになるかが、成否を分けるのです。

私はもともと臆病な性格だったため、マインドセットのための書籍がとても役に立ちました。おすすめの書籍ベスト3を紹介しておきます。

- **『金持ち父さんの若くして豊かに引退する方法』** ロバート・キヨサキ（筑摩書房）
- **『非常識な成功法則』** 神田昌典（フォレスト出版）
- **『あした死ぬかもよ?』** ひすいこたろう（ディスカヴァー・トゥエンティワン）

Question 93

成功するためにはどのような資質を養えばいいのでしょうか？

[質問頻度] ★★★☆☆
[重要度] ★★★★★

A ▼

不動産投資家に必要な資質は、「❶判断力」「❷行動力」「❸胆力」の3つです。

不動産投資は、**「❶判断力」「❷行動力」「❸胆力」の3つを養いながら実践するもの**です。

かくいう私も不動産投資を志した当初は、これらの資質にはまったく恵まれていませんでした。不動産投資をはじめてから、少しずつ身についていきたように思います。

ひとつずつ解説しましょう。

必要な資質

❶判断力……→優柔不断はNG。即断できる知識と自信を身につける

不動産投資は、選択の連続です。買付けを入れるとき、売買契約を締結するとき、業者を選ぶときなど、さまざまなフェーズで判断することを迫られます。

即断を求められることも多々あります。

不動産業者から良質な物件紹介があったとき、「部屋をチェックしてから」「数日考えさせてくれ」「専門家の判断を仰いでから」などとあいまいな回答をした瞬間、即断ができる別の投資家に持ち込まれることになります。

必要な資質

❷行動力……→行動すれば道が開ける。何はなくともまず「自分で動く」

これが最も大切な資質かもしれません。やはり人並み外れた行動力のある人が突出した成果を出しているように思います。

「資金力がなければ、行動力と知恵でそれを補えばいい」といっていた友人がいます。

彼は少ない自己資金で不動産投資をスタートしましたが、いまでは彼の投資額は20億円

を超えます。もちろん、彼は圧倒的な行動力の持ち主です。

必要な資質

❸胆力……→勇気と度胸なくして、大きなお金を動かすことはできない

不動産投資に必要な胆力とは、まず**「億単位の借金に耐えることができるか？」**ということです。一般的には「借金＝悪」と教育を受けているでしょうから、このマインドセットを解く必要があります。

不動産投資では、**「最初の1棟」を購入するのにとてつもないエネルギーがいります。**これを乗り越えて、「お金がお金を生んでくれる」ことを実感できれば、恐怖心は徐々に薄れていきます。

Question 94

成功するためにどのように目標を設定していますか？

［質問頻度］★★★☆☆
［重要度］★★★☆☆

A ▼

無理だろうと思うような目標でも、手帳や紙に書くだけで、達成率が上がります。

私は毎年、**元日に、手帳やノートに目標を書いています**。

その後は目標を上方修正することはあっても、下方修正することはありません。目標はちょっと背伸びするくらいがちょうどいいと思います。

手帳でなくてもかまいません。**紙に目標を書くだけ**です。

ジャンルを問わず、成功している人はこのシンプルな成功法則を実践していることが非常に多いです。

私も当初は半信半疑でしたが、手帳に書いた目標は、達成率が高いと感じています。

ちなみに2017年に、私は次ページの【図表6◆1】のような目標を立てました（一部を紹介します）。

目標を立てたときは「ちょっと厳しいかな?」と思っていたのですが、不思議なことに年末には大部分を達成できていました。

不動産投資の数字については未達のものもありましたが、目標の数字に確実に近づいていました。私生活については、ほぼすべて達成しました（「外車は嫌だ」と家族に反対されたため、レクサスのSUV車に変わりました）。

目標は、文章、数字、写真などで、できるだけ具体的にイメージすることが大切です。

「いつかこういう家に住む！」「いつかこの車に乗る！」という**目標を先に決め、やるべきことを明確にして行動に移す**。これだけです。

[図表6◆1] 私が手帳に書いた目標の一部

【不動産投資】

総投資額15億円、家賃収入2億円、金融資産2億円、取引銀行数10、売却益1億円、稼働率98%

【私生活】

年内にサラリーマンをリタイア、家族でハワイ旅行（宿泊ホテル：モアナ・サーフライダー）、ポルシェカイエンに乗る、都心のラグジュアリーマンションに住む

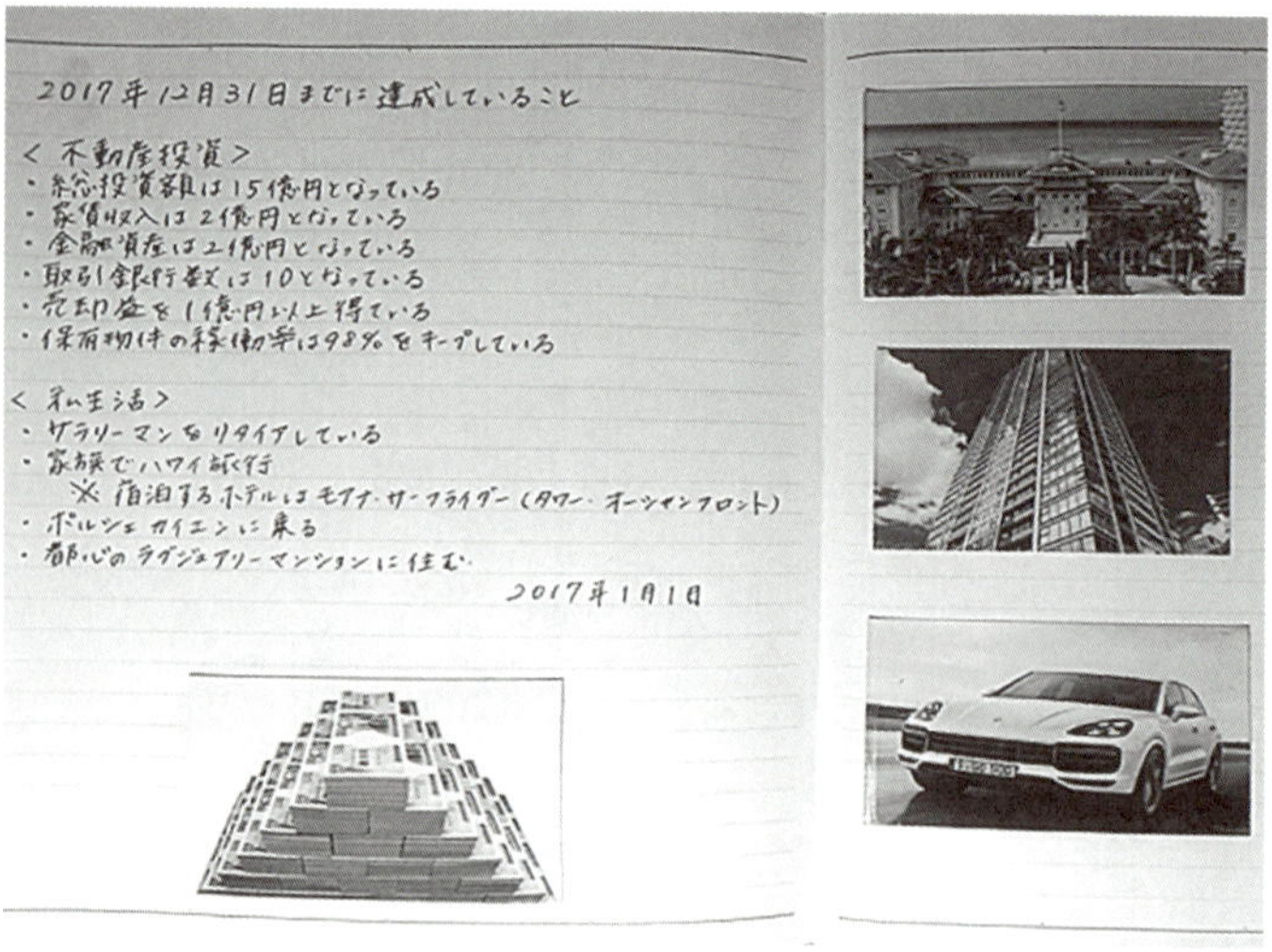

2017年の元日にノートに書いた目標。これらの目標はほぼ達成できている。可視化できるものがあれば、写真などのビジュアルイメージを一緒に貼っておくといい

しかし、ほとんどの人がこんなに簡単なことをやりません。そして結果的に、行動することもありません。

この小さな差が、人生を大きく分けるのかもしれません。

Question 95 リタイア後の変化について教えてください

［質問頻度］★★★★★
［重要度］★★★★★

A 他人に振り回される人生から、自分自身が主体となる豊かで濃密な人生へと変わりました。

経済的自由をともなったリタイアですから、基本的にすべてにおいて自由です。

どんな仕事をするか、どこで仕事をするか、どんな人とつきあうか、どこに住むか、いつ旅行に行くか、どんな車に乗るか……すべて自分の裁量で決められます。

会社員時代、私は組織人として会社や上司の命令指示に従うだけの日々を送っていましたが、いまは自分主体で生きることができています。

リタイア直後は、これから第二の人生がはじまろうとしていることに年甲斐もなくワクワクしました。そして、リタイアする前と後で、大きな心境の変化がありました。

◆会社員時代（リタイア前）……→他人に振り回される人生

「他人」のために生きていたように思います。従属的な人生を送っていました。

組織の中で生きていかなければならないので、**心配の種は人間関係ばかり**でした。

自分の立ち位置、上司との関係、同僚や部下との関係など、いつも他人のことで頭を悩ませていた気がします。

◆現在（リタイア後）……→すべてを自分で選べる人生

「自分」のための人生、主体的な人生を送っています。

人生を豊かにするためには、**「時間」「お金」「健康」「大切な人（家族・友人）」**のバランスをとることが重要です。どれかひとつの要素が欠けても、幸福とはいえません。

会社員時代は仕事に忙殺され、自分の「時間」はありませんでした。

努力しても必ずしも認められるわけではなく、「収入（お金）」も伸び悩みました。

「健康」に配慮できるような時間的・精神的余裕もありませんでした。

「大切な人」と過ごす十分な時間ももてませんでした。

リタイア後は、これが一変しました。**すべての要素が満たされた**のです。

不動産投資が私に**「時間」と「お金」**を与えてくれました。時間とお金を同時に手に入れると、経済的にも精神的にも不安がなくなります。

不安がなくなることで余裕が生まれ、自身の健康に気をつかったり、大切な人たちに配慮できるようになったのです。

日々幸せを感じる瞬間があります。

それは、朝風呂にゆっくり入れること、満員電車に乗らなくていいこと、好きなときに音楽を聴いたり、本を読んだりできることです。

Question 96

[質問頻度]★★★★☆
[重要度]★★★☆☆

できるだけ早く成功したいのですが、何か方法はありますか？

A

成功するためには「急ぎすぎない」ことが大切です。「確実に儲ける」ためには、ある程度の時間が必要です。

私も「少しでも早く成功したい」「1日でも早くサラリーマンを辞めたい」という思いで、一心不乱に不動産投資を実践してきました。

今日まで全速力で駆け抜けてきたつもりですが、**自分の納得できるステージ、投資規模になるまでには4年の歳月が必要**でした。

繰り返しになりますが、不動産投資の目的は、物件を買うことや不動産オーナーになることではなく、**「不動産投資で確実に儲けること」**です。

物件購入自体は難しいことではありません。**儲かる物件を買うことが難しい**のです。

儲かる物件を見つけて購入するまでには、やはりある程度の時間がかかるものです。

不動産投資は、投資額を競うものでも、マネーゲームでもありません。しっかり利益の出る不動産を購入・運営することでキャッシュフローを得て、**「人生をより豊かにする」ための手段**です。

誤解してほしくないのですが、「ゆっくり成功をめざせ」といっているわけではありません。**本当の成功を手に入れるまでには、時間がかかるものだ**といいたいのです。

［不動産投資家としての資質を磨く］のまとめ

- ☑ セルフイメージを変え、投資家脳をつくることを常に念頭に置く。
- ☑ 不動産投資で成功するために必要な資質は、「❶判断力」「❷行動力」「❸胆力」の3つ。
- ☑ 「無理だろう」と思うような目標でも、手帳や紙に書くだけで、達成率が上がる。
- ☑ 不動産投資によって、他人に振り回される人生から、自分自身が主体となる豊かで濃密な人生へと変わる。

人は人の力を借りて成長する

Question 97

人生を大きく変えるためにはどうすればいいですか？

[質問頻度]
★★★☆☆
[重要度]
★★★★☆

A

つきあう人を変えることが、いちばんの近道です。

「自分と仲のいい知り合い10人の平均年収が自分の年収となる」といわれることがあります。経験上、これは事実です。

最も仲のいい人から順番に10人をピックアップして、おおよそでかまいませんので平均年収を算出してみてください。

おそらく**自分の年収に近くなるはず**です。私も実際にやってみましたが、ほぼ自分の年収となりました。

もしもあなたが現状に満足していないのなら、**自分よりも年収がかなり高い人、あこが**

れている人たちと過ごす時間を増やしてみてください。間違いなく、**考え方や行動が大きく変わります**。

ただし、成功者は群れる傾向にあり、そこに入っていくのは容易ではありません。富のシンジケーションは、そう簡単には降りてこないのです。

成功者は、つきあう人を選ぶ重要性を理解しています。

あなたに成功者とつきあうメリットがあっても、成功者にあなたとつきあうメリットがなければ、なかなか人間関係を構築することはできません。

このような状況を理解せずに（あるいは無視して）成功者に近づき、「仲間に入れてくれ」「情報を教えてくれ」という態度では、相手にされません。

成功者が好きなのは、リスクをとれる人、代償の先払いができる人です。タダ乗りをする人を極端に嫌います。

成功者に近づくためには、**「自分とつきあうと、このようなメリットがある」**と示すことが大切です。世知辛いかもしれませんが、最初から友人関係や信頼関係があるわけではないため、ギブ&テイクが必要です。

私自身、「いずれ必ず自分も成功者の仲間入りを果たす」という気概をもって、彼らに自分とつきあうメリットを示して近づきました。

決して難しいことではありません。**必ず、誰にでも強みはあるはず**ですから、それを武

［人は人の力を借りて成長する］

器にすればいいだけのことです。

Question 98

規模拡大・加速のためのコツはありますか？

[質問頻度]
★★★☆☆
[重要度]
★★★★☆

A

ライバルをつくることです。有能な人物との出会いによって、次の一歩を踏み出すことができます。

ライバルの存在は、不動産投資の規模拡大・加速を促してくれます。

こう考えるのは、実際に私自身が経験してきたからです。ライバルとの出会いによって、「負けたくない」という闘争本能に火がついたのです。

ライバルは、誰でもいいわけではありません。**本気かつ本物の、できる不動産投資家**でなければ意味がありません。

私はこれまで、次のようなフェーズでライバルに出会うことで、新しいことにチャレンジすることができました。

よきライバル

❶Aさんとの出会い……→投資規模を拡大する

不動産投資をはじめて2年ほどで、20億円近く投資しているAさんに出会いました。彼は多少利回りが低くても**「スケールメリットでキャッシュフローが出ればいい」**と割り切っている投資家です。また、金融機関から融資を引く天才でもありました。

Aさんの投資スタンスに刺激を受け、私の**投資規模は飛躍的に大きく**なりました。

よきライバル

❷Bさんとの出会い……→これまでとは違う手法を習う

私は中古RC造1棟マンション投資を実践し、それなりの成果を収めてきました。「ほかの手法にもチャレンジしてみたい」と思っていたころに出会ったのが、Bさんです。

Bさんは非常にアグレッシブな人物です。**「儲かることは何でもやる」**と、都内新築RC造投資、築古木造投資、タワーマンション投資、株式投資、FX投資など、**投資対象が非常に幅広い**のです。

しかも、すべての投資において成果を出している強者です。いまはBさんから別の手法を教わり、実践に向けて準備しています。

よきライバル

❸Cさんとの出会い……→売却で手持ちの資金を増やす

会社員のリタイアを検討しはじめ、キャッシュポジション（手持ちの資金）比率を上げた

【人は人の力を借りて成長する】

いと考えていたころに出会ったのが、Cさんです。

Cさんは私と同時期に不動産投資をはじめた会社員で、2000万円の自己資金を3億円まで増やしていました。彼は不動産の「売却」によって一財産を築いています。**売却益で自身のキャッシュポジションを上げ、不動産投資の加速に成功**したのです。

私も彼にならい、売却益を得るべく売却に踏み切るようになりました。

Question 99

メンターがいたほうがいいのですか？

［質問頻度］★★☆☆☆
［重要度］★★★★☆

A

自分と同じような立場で成功した人物にメンターとして出会うことができれば、成功の確率とスピードは上がるでしょう。


不動産投資は、見よう見まねの我流でやるより、**メンター（指導者）に師事したほうが成功の確率が上がり、成功までのスピードも格段に速まります**。

再現性がなければ意味がないので、メンターには**「自分と同じような立場で成功した人」**が適しています。

あなたが会社員なら、元会社員で不動産投資で成功した人に師事すべきです。

不動産投資家の中には、もともと数億円の金融資産をもっている資産家や、親族から不動産を相続した地主が多くいます。普通の会社員と彼らはスタート地点がまったく違うため、マネしたくてもできないのです。

会社員だった私は、以下の条件でメンターを探しました。

❶元会社員であること
❷自分と同じ投資手法・スタイルで大成功を収めていること

❶については、元会社員というだけでなく、**会社規模、年収、年齢など、細かな属性についても似ている人**のほうがより再現性が高いでしょう。

会社員でも「証券会社勤務、年収1億円の証券トレーダー」では、再現性がありません。

❷については、**自分がめざす投資スタイルをとり、理想とする結果を出している人**がいいと思います。

私は、

・中古RC造1棟マンション投資で
・年間キャッシュフロー2000万円以上を得て
・会社員をリタイアする

というのが目標だったため、それらを達成している人であることが条件でした。

メンターになってもらうには、無料、有料どちらでもいいと思います。

私の場合は、身近な知人に❶❷の要件を満たす人がいなかったので、要件を満たす人を知人に紹介してもらい、報酬をお支払いしてメンターになってもらいました。

私のメンターは、東証一部上場企業メーカーの元会社員で、メンターになってもらった当時で、50億円近く投資していました。

不動産投資に対して非常にドライかつストイックな人で、指導は厳しかったですが、**彼なしではいまの自分はない**と思っています。

Question 100

投資家としていちばん大切にしているものは何ですか？

［質問頻度］★★★☆☆
［重要度］★★★★★

A

「時間」です。時間は有限であり、人生は一度きりです。時間の重要性に気づいたことが、不動産投資の世界に足を踏み入れるきっかけになりました。

私が不動産投資をする大きな契機となったのが、義父の死です。

義父は家計を支えるため、中学卒業と同時に某メーカーに就職、勤続45年、人生の大半を会社に捧げた人です。亡くなったのは、定年退職後、第二の人生を謳歌しようとする矢先のことでした。

私は大切な家族との死別というターニングポイントを通じて、**時間は有限である**ということを学びました。自分に残された時間、健康でいられる時間、家族と過ごせる時間、趣味に使える時間は、非常に短いということに気づかされたのです。

男性の平均寿命は約80歳といわれますが、これを時間に換算すると次のようになります。

24時間×365日＝8760時間（1年）

8760時間×80年＝70万8000時間（80年）

平均寿命まで生きられたとしても、約70万時間です。

私は現在44歳ですから、80歳まで生きられると仮定しても、半分以下の約32万時間しか残っていません。健康寿命という条件をつければ、さらに短くなるでしょう。

みなさんも、自分の時間を計算してみてください。意外と短いことに驚くと思います。

いうまでもありませんが、**人生は一度きり**です。仕事の愚痴をいいながら、漫然と生きる日々、将来に迷っている時間など、ムダ以外のなにものでもないのです。

ぜひ、決断して一歩を踏み出してみてください。

それがいつか英断となる日が必ずやってきます。

［人は人の力を借りて成長する］のまとめ

- 人生を大きく変えるためには、つきあう人を変えることがいちばんの近道。
- 規模拡大・加速など、次のステップに進むためには、よきライバルの存在が重要。
- 自分と同じような立場で成功した人物にメンターとして出会うことができれば、成功の確率とスピードは上がる。
- 時間は有限であり、人生は一度きり。不動産投資によって、最も大切な時間を有意義に使おう。

おわりに

不動産投資は時間と心に余裕をもたらしてくれる、最高のビジネス

私のもつノウハウを、あますところなく書きました。

いかがでしたか？

不動産投資で成功するための近道や裏技は、残念ながら存在しません。私も本書に綴ったことを、コツコツと実践してきただけです。本当に、それだけなのです。

私は従業員数万人という大手企業を最後に、サラリーマン人生に終止符を打ちました。

この大手企業のトップ（社長）はたった1名。

役員や管理職というポストを得るにも競争は熾烈を極め、能力だけでなく運にも左右さ

れます。運よくそういったポストにつけたとしても、定年退職前の最後の数年間だけでしょう。

「こんな出世レースに人生を捧げるのは割に合わない」と、私はいつも感じていました。

勤務していた大手企業の社長や役員の報酬は有価証券報告書などから推測できますが、現在私が不動産から得ているキャッシュフローと売却益の合計額は、彼らの報酬を大きく上回ります。

大学卒業から30年以上かけてようやくこれらのポストについた彼らの年収を、わずか数年で抜くことができるビジネスが、不動産投資のほかにあるでしょうか。

日本人の多くは、会社という組織に属して働きつづけること以外の選択肢を想像しません。あるいは、「そういう選択は特別な能力のある人がするもので、自分には関係がない」と、あきらめている人が多いように思います。

私が不動産投資で大きな収入を得ているのは、再現性のある不動産投資手法を用いて愚直に取り組んできた結果です。

これは、誰にでも可能なことです。現に私程度の投資家はゴロゴロ存在しますし、ケタ違いに稼いでいる人もたくさんいます。

会社員と違い、**不動産投資は自分の努力や行動がそのまま結果としてダイレクトに跳ね返ってきます**。

それが面白さであり、怖いことでもあるのはいうまでもありませんが、成功すれば、**時間と心に余裕をもたらしてくれる、最高のビジネス**です。

はじめの一歩を踏み出すことは、非常に勇気のいることです。

でも数年後、その決意が英断だったと思えるかどうかは、あなたの「知識」と「努力」次第です。

本書を手にとってくださり、不動産投資のスタートを切るあなたを心から応援し、成功を祈っています。

2018年9月

不動産鑑定士・不動産投資家　鈴木宏史

【著者紹介】

鈴木宏史（すずき　ひろふみ）

1974年生まれ。慶應義塾大学大学院システムデザイン・マネジメント研究科修了。国内最大手の不動産投資情報サイト「楽待」で、「鑑定士×投資家」として活躍する人気コラムニスト。不動産鑑定士。不動産投資家。

30歳を過ぎて転職した会社が薄給・激務のブラック企業で、ワンマン社長のパワハラにあい、うつ病をわずらって休職・退職に追い込まれる。このときの経験から「労働収入以外に収入の柱をつくらなければ」と痛感。「ごくふつうのサラリーマンが人生を大きく変えるには、不動産投資しかない」という決意のもと、不動産投資の準備と勉強をはじめる。

2013年に最初のRC一棟マンションを購入し、サラリーマンと二足のわらじで不動産投資をスタート。現在、総投資額は10億円を超え、年間収入は1億円超。長年のサラリーマン生活に別れを告げ、妻子とともに悠々自適の生活を送っている。現在は「楽待」で「鑑定士×投資家」の名前で大家コラムを連載し、人気を博す一方で、不動産鑑定事務所を経営するなど活躍の場を広げている。

本書が待望の初の著書。

初心者から経験者まですべての段階で差がつく！
不動産投資 最強の教科書
投資家100人に聞いた！ 不動産投資をはじめる前に知りたかった100の疑問と答え

2018年10月18日　第1刷発行
2024年 4 月24日　第10刷発行

著　者——鈴木宏史
発行者——田北浩章
発行所——東洋経済新報社
〒103-8345　東京都中央区日本橋本石町 1-2-1
電話＝東洋経済コールセンター 03(6386)1040
https://toyokeizai.net/

ブックデザイン……上田宏志［ゼブラ］
イラスト……………二階堂ちはる
ＤＴＰ……………アイランドコレクション
編集協力…………山崎潤子
校　正……………加藤義廣
印　刷……………ベクトル印刷
製　本……………ナショナル製本
編集担当…………中里有吾

Printed in Japan　ISBN 978-4-492-73348-6